위기의 시대를 살아가는 리더!
여러분을 진심으로 응원합니다.

송영수 드림

위기의 시대에 진가를 발휘하는 힘

리더가
답이다

위기의 시대에 진가를 발휘하는 힘, 리더가 답이다

1판 1쇄 발행 2013. 11. 25.
1판 5쇄 발행 2015. 11. 17.

저자 송영수
기획 (주)크레듀

펴낸이 박민우
기획팀 송인성, 김선명, 박민하
편집팀 박우진, 김영주, 김정아, 최미라
관리팀 임선희, 정철호, 김성언, 권주련
펴낸곳 (주)도서출판 하우
주소 서울시 중랑구 망우로68길 48
전화 (02)922-7090
팩스 (02)922-7092
홈페이지 http://www.hawoo.co.kr
e-mail hawoo@hawoo.co.kr
등록번호 제306-2004-22호

값 15,000원
ISBN 978-89-7699-941-2 03320

Leadership
Turnaround

위기의 시대에 진가를 발휘하는 힘

| 송영수 지음 |

인생은 누구를 만나느냐의 게임,
가슴속 영웅들에게 감사드린다!

요즘 문득 '인생이 80세까지라고 한다면 처음 20년은 성장의 시기, 그 다음 20년은 성공 추구의 시기, 그 다음 20년은 성과로 말해야 하는 시기, 그리고 마지막 20년은 성숙과 성찰의 기간이 아닐까?'라는 생각을 해본다.

성장하는 초기 20년은 부모와 친구 그리고 스승이 중요하고, 성공을 위해 질주하는 사회생활 초기 20년은 어떤 상사리더 또는 배우자를 만났느냐가 중요하다. 또한 성과로 말해야 하는 40~50대에는 어떤 조직에 몸담고 있느냐가 중요하고, 마지막 성숙과 성찰의 시기에는 무엇을 나누느냐sharing와 무엇을 남기느냐가 중요하다.

인생의 전반은 '좌충우돌'과 '패자부활전'이 가능한 기간이다. 이를 운동 경기 방식에 비유한다면 '리그전'에 해당한다. 때로는 무승부와 부전승도 있고, 마일리지만 쌓아도 승진될 때가 있다. 실패는 넘어지는 것이 아니라 일어나지 않는 것이라는 패기가 통하는 시기다. 인생 시계로 보아도 겨우 낮 12시에 불과하다. 따라서 이 시절에 하고 싶은 일에 도전해보지 못하면 나중에 두고두고 후회할 가능성이 많다. 이때까지의 시기를 인생 전반기로 볼 수 있다.

이 시기에는 대부분의 사람들이 성공을 위해 달려간다. 1등은 오직 한 명뿐이며, 남과의 경쟁에서 이겨야 성공할 수 있다는 의식에 사로잡혀 학벌, 학력, 외모, 역량 등에 모든 관심이 집중된다. 주위의 사람들을 자신의 성과를 만들어 내는 수단으로 여기며, 빨리 성공해야 빨리 행복할 수 있다는 공식을 믿고 전력 질주한다.

반면, 성과로 말해야 하는 20년40~50대은 리더로 살아가는 시기다. 자신만을 위한 시기라기보다는 구성원들에게 영향력을 미치거나 나눔이 중요한 시기다. '혼자 빨리'보다는 '함께 멀리'를 강조하며 조직원들에게 꿈과 비전을 불어넣어야 하고, 나I 자신보다는 우리we를 끌어안고 가야 하며, 배려와 포용력을 지녀야 한다.

나 중심의 인생 전반전이 어려웠다고 하더라도 인생 후반전을 멋지게 살면 존경받는 경우도 있고, 인생 전반전은 좋았더라도 후반전을 잘 보내지 못해 주위에 따르는 사람이 없는 경우도 있다. 이 시기에 필요한 요소는 신뢰와 진정성authenticity이며, 조직의 성과가 기대에 미치지 못하면 책임을 지고 퇴출될 수도 있다.

이러한 점에서 볼 때 인생 후반전의 경기 방식은 '토너먼트'라고 할 수 있다. 무승부나 부전승이 없는 것이다. 학력이나 경력은 기본이고,

현재 성과로 말해야 하는 시기다. 승부가 나지 않으면 승부차기까지 가야 한다. 개인기만으로 승부할 것인지, 조직력으로 승부할 것인지를 결정해야 한다.

개인 차원의 성장, 성공을 추구하던 인생 전반의 핵심 역량과 리더로서 조직 차원의 성과를 보여주어야 하는 후반기의 핵심 역량은 다르다. 인생 전반부에 이미 후반부, 즉 리더로서의 역량을 미리 습득하면 오랫동안 주위 사람들에게 행복을 안겨주며 성과를 창출해 나가는 큰 바위 얼굴the great stone face 또는 위대한 리더great leader가 탄생할 수 있다.

매우 특출한 재능을 타고났거나 천재가 아닌 보통 사람에게 인생이란 결국 누구를 만나느냐의 게임이다. 따라서 만남의 대상과 관계의 질이 인생 성공에 막대한 영향을 미친다고 볼 수 있다. 배우자, 친구, 학교, 직업, 직장 등은 스스로 선택할 수 있지만 가족은 자신이 선택할 수 없다. 직장 또한 자신이 선택할 수 있지만 상사는 선택할 수 없다. 그런데 내가 선택할 수 없는 상사와의 관계는 직장 내에서의 성장은 물론 인생의 성공 여부에 결정적인 영향을 미친다.

돌이켜 보니 필자의 인생 초반 20년은 그럭저럭 평범하게 보낸 것 같다. 별 생각 없이 습관이나 관성대로 살아온 것 같다. 그러나 직장에서의 20여 년은 많은 도전과 희망, 비전 그리고 리더십을 배울 수 있었던 기회였다고 생각한다.

지금 생각해보니 그 시절에 만났던 직장 상사들에게 진심으로 감사 드리고 싶다. 그들은 필자를 성장시켜준 내 가슴속의 영웅이요, 인생의 황금 나침반이기 때문이다. 이 책 내용의 많은 부분은 그분들의 가르침 이요, 현장 리더십 실천 가이드라고 생각한다. 오늘 그분들과 차 한 잔 나누면서 대화하고 싶다. 다시 그 현장으로 돌아가 보고 싶다.

2013. 12.

한양대 리더십센터에서 **송영수**

LEADERSHIP TURNAROUND

리더의 길!
정답은 없지만 정도(正道)는 있다

금년은 필자가 사회에 첫발을 내디딘 지 꼭 30년이 되는 해다. 필자의 어릴 적 꿈은 장군이었다. 지프jeep를 타고, 헬멧과 검은색 레이번 선그라스를 쓰고, 지휘봉을 들고 많은 사람들을 이끌고 싶었다. 하지만 직업 군인이었던 부친이 필자에게 던진 "청춘을 조국을 위해 바칠 수 있는 가치관價値觀이 정립되어 있느냐?"라는 질문을 듣고 꿈을 접어버렸다. 환상에 사로잡혀 살고 있다는 사실을 비로소 깨달았기 때문이다. 그 대신 지금은 대학에서 리더를 꿈꾸는 인재들을 키워내는 리더십 전문가가 되었다.

누군가 필자에게 직업이 무엇이냐고 물으면 서슴없이 'Success Facilitator성공 조력자'라고 대답한다. 필자가 대학에 재직하기 전에는 대기업에서 리더십과 인력개발 전문가로서 20여 년 간 활동했다. 이 기간 동안 필자는 수많은 리더를 만났다. 성공한 리더도 많이 보았고, 한때 성공에 안주하다 무너진 리더도 많이 보았다. 무엇이 그들의 인생을 성공과 실패로 갈라놓았을까? 내가 만났던 성공한 리더들의 유형은 모두 달랐다. 성격도 다르고 습관, 말투도 달랐다. 하지만 그 리더들은 어려운 경영 환경에서도 지속적인 성장sustainable growth을 만들어 냈고, 구성원들로부터 신뢰와 존경을 받았다. 이러한 측면에서 본다면 리더십 성공 비결의 정답을 한 단어로 찾기는 어렵지만 모범 답안을 정리할 수는 있다고 생각한다.

최근 경제·경영 환경이 어렵다고 한다. 이미 저성장, 상시 위기 시대로 접어들었다고 해도 지나친 말이 아니다. 어느 이코노미스트는 이 상황이 2018년까지는 유지될 것이라 점치기도 한다. 하지만 우리는 이 어려운 시기에도 사상 최대의 경영 성과를 만들고 있는 기업들이 있다는 사실에 주목해야 한다. 이 기업들이 가진 비결은 과연 무엇일까?

기업의 성장과 성과는 외부 환경의 문제라기보다 스스로 환경을 어떻게 받아들이는지에 따라 그 결과가 달라진다. 이제까지 우리가 수월하게 살았던 적이 있었는지 곰곰이 생각해보자.

매년 비상이라고 했고, 전략 목표는 매년 수정되었다. 결국 성장이냐 퇴보냐의 문제는 외부 경영 환경에 달려 있는 것이 아니라 내부 대응을 어떻게 하느냐에 달려 있다. 몰라서 당하는 기업보다 위기를 알고도 당하는 기업들이 우리 주위에 얼마나 많은가?

적은 내 안에 있다. 조직 안의 갈등을 이겨내기 위하여 리더들은 어떤 노력을 하고 있는가? 한때 반짝하는 성과를 만들 수는 있다. 그러나 오랫동안 지속적인 성과를 거두는 일은 결코 쉽지 않다. 단순하게 생각하더라도 지속적인 성과를 거두기 위해서는 원칙과 방향을 갖고 일관성consistency있게 실천하는 노력이 필요하다. 이 책은 성공 리더들이 일관성 있게 리더십을 실천한 사례를 정리한 것이기도 하다.

우선 도입부에서는 '리더십 턴어라운드'라는 내용으로 시작한다. 경영은 이론과 적용이 융·복합된 실무practice라고 할 수 있다. 다시 말해 현장 적용도 중요하지만 이론도 무시할 수 없다는 것이다. 우리가 수시로 접하는 지식과 정보를 바탕으로 패턴을 정리하면 모델model이 되고, 여러 연구 조사를 통해 일반화하면 이론theory이 된다. 이를 토대로 세상을 바라보며 의사 결정의 판단 기준이 되는 것이 바로 토마스 쿤Thomas Kuhn이 말한 패러다임paradigm이다. 문제는 성과가 기대했던 만큼 나오지 않을 경우 그동안 리더들이 갖고 있던 패러다임을 바꿔야 하며, 관리 중심에서 인간 중심의 리더십으로 전환해야 한다는 것에 있다.

제 1장에서는 가치 중심 리더십value-based leadership을 설명하고 있다. 전환기의 어려운 환경을 극복하고 지속적인 성장을 위해 필요한 첫 번째 리더십은 구성원들이 함께 나아가야 할 방향direction과 원칙principle을 제시하는 것이다. 이를 조직 내 공통의 언어로 표현한 것이 미션mission-비전vision-핵심가치core value이다. 여기서는 이 세 가지를 설정, 공유 및 실천 그리고 내재화하는 방법을 제시한다. 특히 회사-본부-팀-개인 차원의 연계alignment가 중요함을 강조한다.

아울러 이러한 가치 중심의 경영은 매슬로우Maslow가 말한 최상위 단계인 자아실현의 욕구나 다니엘 핑크Daniel Pink가 말한 드라이브 3.0내재적 동기부여과 관련이 있음을 설명하고 있다. 이제 조직은 '가치문화 공동체'인 것이다. 조직 구성원들을 '동료'가 아닌 '동지'를 만들기 위한 방안을 제시한다.

제 2장에서는 진성 리더십authenic leadership을 중심으로 설명한다. 누군가를 따르게 하기 위해서는 리더의 모범과 솔선수범이 필수적이다. 리더 스스로 실천사례가 되어야 한다. 또한 영향력을 발휘하기 위해서는 신뢰와 존경이 요구된다. 신뢰는 신용credibility, 일관성consistency과 예측가능성reliability이 중요하다. 존경심은 신뢰가 오랫동안 일관성 있게 쌓였을 때 수여되는 마음의 훈장이다. 이를 '진성 리더십authentic leadership'이라고 한다. 이 장에서는 이에 요구되는 정직성, 긍정성, 신뢰, 심리적 계약psychological contract, 시간관리, 팔로워십followership 등에 대해 자세히 설명하고 있다. 리더의 진정성은 습관에서 나온다. 정직과 신뢰, 시간관리, 팔로워십 등과 같은 대부분의 자기관리는 습관이 좌우한다. 탁월성excellence이란 좋은 교육과 습관에서 나오기 때문이다.

제 3장에서는 소통과 코칭 리더십facilitative leadership을 설명한다. 과거의 전통적 리더십에서는 상사의 의도를 제대로 이해했는지의 여부가 중요했다면, 현재의 리더십에서는 구성원들의 다양성diversity과 잠재역량potentiality을 이끌어 내기 위한 경청이 중요하다. 이 장에서는 맥그리거Mcgregor의 인본주의적 Y이론을 강조한다. 인본주의적 리더십으로의 전환이 없다면 비전과 핵심가치가 관리 통제용이 되고, 소통도 과거의 방식으로 회귀하기 때문이다.

또한 다양성 관리와 동기부여motivation에 관하여 설명한다. 채찍과 당근이 아닌 내재적 동기부여intrinsic motivation 요인의 중요성과 소통에 필요한 다양한 방법을 소개한다. 아울러 코칭의 중요성과 경영 현장에 적용할 수 있는 코칭 기술을 안내한다. 평범한 조직을 비범한 조직group genius으로 만드는 기술이 소통과 코칭이다. 이제는 리더의 모습이 대열의 맨 앞에 서서 호령하는 역사 드라마 속 장군이 아니라 뒤에서 챙겨주고, 격려하고, 인정해주는 자상한 형님 같은 리더십이 필요하다leading from behind.

제 4장에서는 변화와 도전 리더십transformational leadership을 강조하고 있다. 경제학자 슘페터Schumpeter가 창조적 파괴creative destruction를 강조한 것처럼 리더의 가장 중요한 역할은 지속적 성장을 위해 변화와 혁신을 주도하고, 그 성과에 대하여 책임을 지는 것이다. 앞에서 설명한 가치 중심 리더십, 진성 리더십, 소통과 코칭 리더십은 결국 변화와 도전을 위한 준비인 것이다. 기업가적 마인드를 갖고 변화에 도전해 나가기 위한 방안을 제시한다. 21세기에 진입한 이후 위기에 빠진 거대 기업들이 주는 교훈을 바탕으로 근원적 변화deep change에 도전하자고 주문한다. 변화의 두 가지 접근reactive vs. proactive을 비교하면서 리더가 변화의 선두에 서 있어야 함을 강조한다. 그 이유는 바로 점진적 개선을 통한 죽음slow death이 아니라 근원적 변화가 필요한 시기이기 때문이다.

이 책의 첫 번째 기대 독자는 기업의 경영자와 팀장 등과 같은 리더들이다. 전통적 관리자가 아닌 변화와 혁신의 리더로서 조직을 이끌어야 할 역할과 행동을 안내한다. 리더는 조직 운영의 이론과 가설assumption이 있어야 한다. 그러나 많은 리더들이 과거 경험과 습관 그리고 타성에서 벗어나지 못하고 어정쩡한 상태로 변화를 요구하는 조직에서 리더십을 발휘하고 있다. 이를 논문에 비유하면 연구 문제와 가설도 없이 연구 결과를 도출하는 것과 유사하다. 미션-비전-핵심가치가 왜 리더에게 중요하며, 가치 중심의 내재화가 조직몰입organizational engagement에 어떤 영향을 미치는지, 인본주의적 관점의 인간관이 왜 중요한지를 설명할 수 있어야 한다. 리더의 솔선수범과 신뢰, 존경의 중요성과 실천 방안을 습득해야 한다. 특히 최근 강조되고 있는 소통과 코칭의 중요성 및 실천 방안도 재점검할 필요가 있다. '소통과 코칭'을 강조하고 있지만 경영 현장에는 여전히 '호통과 티칭'이 난무하기 때문이다.

또한 변화와 도전에 자신감을 가져야 한다. 지금의 당신 모습은 결국 과거에 추진한 변화와 도전의 결과다. 인생의 변곡점마다 어려운 것을 알면서도 도전해 온 결과인 것이다. 따라서 몇 년 뒤의 모습은 지금 도전한 결과이기 때문에 지금 도전해야 미래가 있다는 것을 명심할 필요가 있다. 따라서 머뭇거릴 시간이 없다. 알고 있는 것knowing과 실천하는 것doing이 다른 것처럼, 조직은 리더의 실천을 기다리고 있다.

두 번째 기대 독자는 차세대 리더들이다. 이 책이 몇 년 뒤에 요구되는 위기 상황 속에 리더십의 실천모델을 미리 모색하고 준비하는 데 도움이 되기를 바란다. 미래는 준비하는 사람의 것이다. 따라서 타성에 젖은 과거 방식이 아닌 새로운 시대가 요구하는 리더십 패러다임으로 재무장할 필요가 있다. 과거 대비 차이점을 연구하는 것이 아니라 미래에 과녁을 두고 정조준하라는 것이다. 미션, 비전, 핵심가치, 글로벌, 다양성, 창의성, 변화와 도전, 소통, 조직문화 등의 이상적인 리더십 모습을 그리면서 전략적 리더십을 키워 나가야 한다.

한국 기업뿐만 아니라 전 세계적으로도 신세대통상 millennials, Y 세대 등 1980년대 이후 출생자를 말함들이 리더 계층에 자리 잡기 시작했음에도 불구하고 이들에게 과거 방식의 리더십을 가르치는 것이 과연 옳으냐에 대한 의구심이 대두되고 있다. 이 책이 차세대 리더들에게 길라잡이가 되기를 바란다.

세 번째 기대 독자는 대학 또는 대학원에서 리더의 꿈을 키우는 사람과 리더십을 연구하는 전문가들이다. 이 책은 한 사람의 경험만을 나열한 단행본이 아니다. 오랜 시간 동안 성공하는 리더들을 관찰, 토론, 설문, 조사한 보고서이다. 대학원 수업이 대개 15~16주이기 때문에 소주제도 16개가 된 것은 우연의 일치이지만 수업 중 참고서로 활용할 수 있기를 기대한다.

마지막 기대 독자는 필자 자신이다. 누구나 완벽하지는 않다. 따라서 노력이 필요하다. 이 책을 정리하면서 필자 스스로 당당한 부분도 있지만 부끄럽거나 겸손해야 할 부분도 많이 있음을 깨닫는다. 말과 행동이 하나가 되는 언행일치言行一致의 리더가 되기를 스스로 다짐해본다. 교수가 된 이후 많은 제자들을 육성하고 있다. 이 책이 그들에게 빠른 길fast track보다는 올바른 길right way로 안내하기 위한 지침서가 되길 바란다.

이 책을 처음부터 끝까지 통독할 필요는 없다고 생각한다. 그러나 도입부는 필독하기를 권하고 싶다. 리더십 변화의 필요성과 리더십 패러다임을 언급하고 있기 때문이다. 그 이후는 독자의 선택에 맡기고 싶다. 이 책은 ① 리더십 주제에 대한 설명, ② 리더십 비타민, ③ He's story로 구성되어 있다. 리더십 비타민은 독자들의 이해를 돕기 위해 주제와 관련된 사례, 비유, 예화 등을 소개하고 있으며, He's story는 필자의 생생한 체험담이 담겨 있다. 현직에 있는 일부 사례의 주인공 이름은 영문 이니셜로 바꾸어 설명하였음을 양해 말씀드린다.

차례

1장 가치중심 리더십
Value Based Leadership

가치중심 리더십

Value Based Leadership

어려운 환경 속에서 지속적인 성장을 위해 필요한
첫 번째 리더십은 구성원들이 함께 나아가야 할 방향과 원칙을 제시하는 것이다.
그것은 바로 미션, 비전, 핵심가치이다.

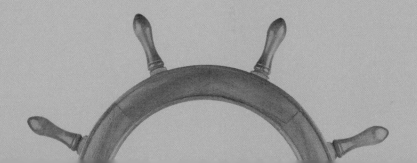

01

리더의 실천이 답이다

.

필요한 만큼 노력하는 이는 흔하다.
필요한 것보다 더 노력해야 탁월해진다.

| 만화가 허영만을 표현한 김수혜 기자의 글 중에서 |

"당신의 회사는 누가 경영하고 있는가?"

이러한 질문을 던지면 많은 사람들은 회사의 경영자, 임원 또는 리더라고 대답할 것이다. 그러나 좀 더 깊이 들어가서 '누구의 이론과 모델을 중심으로 경영하는가?'라는 질문을 던지면 그 대답은 달라질 수 있다. 만일 경영 리더들이 조직 구성원을 바라볼 때 단지 성과를 만들어내는 기계론적 인식을 하고 있다면 우리가 몸담고 있는 회사나 팀은 20세기 초에 경영 법칙을 창안한 이론가나 학자에 의해 경영되고 있다고 말할 수 있다. 즉 과학적 관리론scientific management을 주장했던 프레드릭 테일러Frederick W. Taylor가 여전히 살아남아 여러분 조직을 관리하고 있을 지도 모른다. 또한 여러분의 조직이 관리와 통제를 중심으로 움직이고 있고, 모든 권한이 관리자들에게 집중되어 있다면 관료제bureaucracy를 주장했던 독일의 사회학자 막스 베버Max Weber가 웃으면서 여러분의 회사나 조직을 바라보고 있을지도 모른다. 조직 운영의 패러다임이 100여 년 전 모델일 수도 있다는 것이다.

조직의 성과는 리더들이 알고 있는 지식과 모델, 패러다임을 바탕으로 창출된다. 오랫동안 '기업 경영이 과학인가, 예술인가?'라는 명제가 논의되어 온 것이 사실이지만 이보다는 성과performance가 지속적으로 창출되느냐가 더욱 중요하므로 경영은 실행practice에 역점을 두어야 한다. 경영이 실행으로 구현되기 위해서는 간과되기 쉬운 이론theory과 패러다임paradigm이 바탕이 되어야 한다. 그 이론은 타당성이 있어야 하고, 증명할 수 있어야 한다. 또한 실무는 적용을 전제로 하며, 경험과 통찰력을 필요로 한다. 이러한 의미에서 경영자와 리더를 의사에 비유하곤 한다. 예를 들어 수술 능력은 뛰어나지만 이론적 의학 지식이 부족한 의사에게 생명이 위급한 환자를 맡긴다고 가정해보자. 이처럼 위험천만한 일도 없을 것이다. 지속적인 성과를 창출하기 위해 당신이 가지고 있는 이론이나 가정assumption은 무엇인가? 만일 당신이 현재 수행하고 있는 리더십이 단순히 과거 선배들의 경험을 답습하고 있는 것에 불과하다면 그 방식이 지금도 유효한지를 자문해보아야 한다.

우리는 지금 글로벌 시대, 다양성의 시대, 지식 정보화 시대, 저성장과 상시 위기의 시대에 살고 있다. 환경이 바뀌면 전략과 전술, 전투, 심지어 개인기까지 바뀌어야 하는 것처럼 리더십의 변화도 같은 맥락에서 생각해볼 수 있다. 리더십도 시대, 경영 상황, 여건, 규모, 사업 성숙도에 따라 달라져야만 한다. 최근의 경영 환경 변화에 공감한다면 전통적 '관리 감독자'에서 성과와 성장을 지속적으로 창출하는 '경영 실천가'로 거듭나야 한다. 변화는 그동안 무의식적으로 답습해 왔던 가설과 이론을 바꾸는 데서 시작한다. 당신의 가설이 틀렸다는 것이 아니라 성과가 기대보다 저조하다면 기본 가설이나 알고 있는 이론 또는 의사결정의 패러다임이 달라져야 한다는 것이다.

리더는 성과로 말한다

리더십의 대가인 워렌 베니스Warren Bennis는 리더십에 대한 정의는 600가지가 넘는다고 말한다. 어찌 보면 성공한 경영자의 수만큼 리더십 정의도 다양할지 모른다. 이는 리더십을 정의하는 데 있어 정답은 없다는 것을 의미한다. 하지만 정답은 없더라도 모범 답안은 존재한다. 리더십은 지속적인 성장을 만들어 내는 경영 실천 능력이다. 세일즈포스닷컴salesforce.com이라는 클라우드 컴퓨팅 서비스 제공 기업은 세계적인 경기 침체에도 불구하고 포브스가 세계 100대 혁신 기업을 선정한 2011년부터 3년 연속 1위를 지켰다. 최근 1년간 매출 증가율은 32.1%를 기록했고, 최근 5년간 연평균 투자 수익률은 21.6%에 달했다. 이처럼 아무리 저성장 상시 위기 시대라 하더라도 높은 성과를 만들어 내는 기업은 우리 주변에 많다. 어떠한 위기 상황crisis context 속에서도 지속적으로 성과를 창출해내는 경영 실천 능력이 바로 리더십이다.

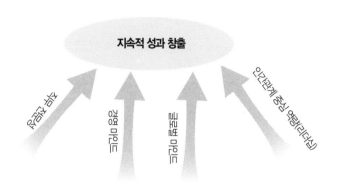

▲ 지속적 성과 창출을 위한 조건

리더는 성과로 말한다. 아무리 학력, 학벌이 우수하고, 경력이 화려하더라도 성과를 만들어 내지 못하면 무용지물이다. 반면, 학력이나 경력이 일천하더라도 성과를 지속적으로 창출하면 입지전적인 인물로 추앙받는 곳이 바로 기업이다. 그렇다면 지속적인 성과를 창출하는 데 필요한 요건은 무엇인지 살펴보자.

첫째, 직무 전문성을 갖추어야 한다. 즉, 리더가 담당하고 있는 조직에 대한 깊은 전문성이 있어야 한다. 최근에는 팀제를 운영하는 기업이 많기 때문에 어느 팀에 한 번 속하면 대개 10년, 20년 정도의 시간을 보내게 된다. 팀장 후보는 여러 명 있는데, 임원 후보자가 없고, CEO 후보는 더더욱 찾기 힘들다는 말이 있다. 따라서 다양한 경영관리 분야의 전문성을 갖추는 균형 감각이 필요하다. 한 분야의 전문가인 'I' 자형 인재보다는 'H' 자형 다기능 전문가generalized specialty가 필요한 시기다. 즉, 과거에는 한 분야의 전문가I자형가 인정을 받았다면, 최근에는 전문성이 다양한 멀티형 전문가A자형 또는 H자형 전문가가 인정을 받는다. 요즘 경영학을 이해하기 위한 Techno-MBA 프로그램에 이공 계통의 전공자 참여율이 높아지고 있는 것이 그 대표적인 사례라고 할 수 있다.

둘째, 경영 마인드business mind를 갖추어야 한다. 리더가 되어서도 회사의 전략, 미션, 비전, 핵심가치를 충분히 이해하고 있지 못하면 조직을 위험 속에 몰아넣을 수도 있다. 또한 재무제표나 자금 흐름cash flow을 제대로 읽지 못하면 회사의 의사 결정 방식이나 미래 가치에 대한 통찰력을 기대하기 어렵다. 또한 CEO의 경영 철학, 전략, 이슈 등에 관심을 두고 조직의 모든 역량을 한 방향으로 집중할 수 있는 구심력을 갖추기 위해 노력해야 한다.

셋째, 글로벌 마인드global mind가 필요하다. 불확실성의 시대, 글로벌 시대, 저성장 상시 위기의 시대와 같은 많은 경영 키워드들이 등장하고 있는 현 시점에서 구성원들에게 비즈니스 및 국제 경영 환경에 대한 스토리텔링을 할 수 있어야 한다. 또한 그것이 우리 회사와 조직에 어떤 영향을 미칠 것인지에 대해 직접 설명할 수 있는 역량을 갖추어야 한다.

넷째, 인간관계 역량human skill을 확보해야 한다. 성과를 지속적으로 창출하는 것은 전문성이 좌우하지만 최후의 성패는 인간과 조직에 대한 이해가 좌우한다. 최근 많은 기업들이 인문학人文學에 관심을 갖는 이유는 인문학의 깊은 이해를 바탕으로 조직 구성원을 감동시키고 그 감동을 업무 현장에 적용할 수 있는 용병술이 필요하기 때문이다.

현재 자신이 한 기업의 리더라면아니 현재는 리더가 아니더라도 미래의 리더를 꿈꾸고 있다면, 앞에서 제시한 4가지 요소에 점수를 매겨보자. 리더십 점수는 이 4가지 요소 중에서 가장 뛰어난 영역의 점수로 평가하는 것이 아니라 가장 부족한 영역의 점수로 평가한다. 예를 들어 우리가 일반적으로 말하는 댐의 수위는 댐 위로 물이 넘쳐흐르는 가장 높은 곳을 말하는 것이 아니라 가장 낮은 곳을 말한다. 이와 마찬가지로 가장 낮은 요소의 점수가 바로 리더십 수준인 것이다. 특히 그중에 과락下학점이 한 가지라도 있으면 치명적이다. 경영 의사를 결정할 때 편향되거나 잘못된 판단을 할 수 있는 가능성이 높기 때문이다.

실행은 결국 리더의 몫이다. 이 책의 목표는 리더의 리더십 회복과 혁신을 돕는 데 있다. 이 과정에서 여러분은 많은 도전에 직면하게 될 것이다. 변화에 자발적으로 도전하려는 사람이 성공하고, 창의와 열정으로 일하는 사람들이 인정받는다. 100여 년 전의 가설assumption과 이론theory을 21세기에 적용하여 성과를 만들어 내겠다는 생각은 지나친 욕심일 수 있다. 전통적인 리더십 관성leadership inertia에서 벗어나야 한다. 기존의 틀을 과감히 탈피해야만 비로소 미래를 향해 나아갈 수 있다. 새로운 출발을 위해서는 과거의 성공에서 벗어나야 한다. 리더의 성과 창출을 통한 기업의 지속적인 성장sustainable growth에 필요한 리더십에는 무엇이 있는지 살펴보자.

■ 방향과 원칙을 지키는 리더의 실천이 답이다

조직을 이끌어 나가기 위해서는 왜 이 일을 하는지미션, 어디로 향할 것인지비전, 무엇을 신념으로 삼아 실천해야 하는지핵심가치가 필수적으로 요구된다. 어느 조직이든 존재 이유가 명확해야 구성원들이 헌신할 수 있다. 자신이 참여하고 있는 모임의 목적과 이유가 명확하면 그 모임은 지속력과 응집력을 갖게 된다. 특히 비영리 조직일수록 미션이념, 사명, 업의 본질 또는 존재 이유이 명확해야 한다. 대부분의 조직은 초기에 이러한 미션을 구체적으로 수립하지 않는 경우가 많다. 그러나 조직의 규모가 커지기 시작하면 구심력이 중요해진다. 이는 자신이 몸담은 회사나 조직의 존재 이유가 무엇인지를 명확히 파악해야 한다는 것을 의미한다.

자신에게 질문을 던져보자. 내가 속한 조직과 리더인 자신의 미션은 무엇인가? 그 내용은 회사와 어떻게 연계되어 있는가? 그리고 당신은 왜 이 일을 하는가?

이와 더불어 필요한 것은 조직 구성원들의 공유와 행동의 원칙이 되는 조직 차원의 가치관core value이다. 가치관은 행동으로 이어지고, 결과를 만들어 내기 때문에 세상을 바라보는 세계관mental model은 매우 중요하다. 집안에는 가훈이 있고, 학교에는 교훈이 있다면 기업에는 핵심가치core value 또는 credo가 있다. 일류와 비非일류는 결국 조직의 가치관 유무뿐만 아니라 가치관의 실천력이 좌우한다. 글로벌 조직일수록 그리고 전통이 깊은 조직일수록 이와 같은 핵심가치가 강조된다.

기업뿐만 아니라 군에서도 가치관과 사생관이 중요하다. 지난 2010년, 신참 조종사의 비행 훈련을 돕기 위해 F-5/F 전투 비행기에 동승했다가 추락 사고로 순직한 고故 오충현 공군중령의 일화는 군인정신과 가치관이 얼마나 중요한지를 일깨워준다. 그는 공사를 수석 졸업38기한 베테랑 조종사였다. 그는 축의금 봉투에 항상 '대한민국 공군중령 오충현'이라 쓸 만큼 자부심도 강했다. 1992년 12월, 한 동료의 장례식장을 다녀와서 기록했던 그의 일기장 내용은 우리를 숙연하게 한다. 이 일기에는 마치 유언이 담겨 있는 듯했다. 그 내용 중 일부를 옮겨 본다.

'내가 죽으면 가족은 내 죽음을 자랑스럽게 생각하고 담담하고 절제된 행동을 했으면 좋겠다. 장례 후 부대장과 소속 대대에 감사 인사를 드리고 돈 문제와 조종사의 죽음을 결부시킴으로써 대의를 그르치는 일은 일절 없어야 한다. 조국이 부대장을 치러주는 것은 나를 조국의 아들로 생각하기 때문이다. 군인은 오로지 충성만을 생각해야 한다. 비록 세상이 변하고 타락한다고 하더라도 군인은 조국을 위해 언제 어디서든 기꺼이 희생할 수 있어야 한다. 그것이 대한민국 전투기 조종사의 운명이다(조선일보, 2012. 8. 31.).'

핵심가치는 어떠한 상황에도 불구하고 구성원들이 지켜야 할 신념이자 행동 원칙이다. 미션, 비전, 핵심가치가 회사-본부-팀-개인 차원으로 구체화되고 철저히 공유되어야만 조직문화로 연결되고 내재화될 수 있다. 조직 구성원들이 공통으로 공유해야 할 미션과 핵심가치는 무엇인지, 핵심가치가 심득心得사항이 아닌 행동강령으로 구체화되어 있는지, 비전은 공유되고 있는지, 그리고 그것들은 정기적으로 점검되고 평가되고 있는지 등을 되짚어볼 필요가 있다.

이와 같이 조직의 미션과 핵심가치를 공유하고 실천하는 일은 조직 결속력과 조직 몰입organizational engagement을 강화하는 매우 중요한 활동이다. 조직 구성원들을 그저 한때 같이 근무하는 동료同僚가 아닌 조직의 혼魂을 함께 나누는 영원한 동지同志로 만들어야 한다.

■ 진정성 있는 리더가 답이다

조직 구성원들이 리더와 함께 지속적인 임무를 수행하는 데에는 리더가 솔선하고 모범을 보이는 진정성authenticity이 중요하다. 직종과 상관없이 진성 리더가 되기 위해 몇 가지 공통적으로 강조되어야 하는 사항은 다음과 같다.

첫째, 정직integrity이다. 지난 20여 년간 리더의 필요 역량 중요도를 조사한 「리더십 챌린지leadership challenge」라는 연구보고서를 보면 동서양을 막론하고 리더의 정직성은 200여 가지의 리더십 역량 가운데 부동의 1위를 차지하고 있다. 조직 구성원들은 항상 리더가 정직한 사람인지, 원칙을 지키는 사람인지, 도덕적·윤리적으로 문제가 없는 사람인지를 평가한다.

"리더가 팀원의 정직성을 판단하는 데에는 오랜 시간이 걸릴 수도 있지만 팀원이 리더의 정직성을 판단하는 것은 3일만 같이 근무해보면 알수 있다."라는 말이 있다. 리더가 팀원을 평가하듯이 팀원 또한 리더를 평가한다는 점을 인식해야 한다.

둘째, 신뢰 구축trust building이다. 연구조사 결과, 신뢰에 영향을 끼치는 요인들은 많지만 특히 'T=C+R+I'라는 공식이 강조된다.

여기서 C는 credibility신용다. 신용은 '약속을 지키는 것'을 말한다. 공사公私 구분이 명확해야 하며, 금전적으로도 정직해야 한다. 언행 또한 중요하다. 글로벌 기업일수록 신용을 강조하고, 기준도 매우 까다로운 것은 바로 이 때문이다. 신문 테스트paper test라는 것이 좋은 사례로 인용되는데, 이는 지금 하고자 하는 일이 내일 아침 신문 기사에 나왔을 때 당당할 수 있는지를 판단하는 것이다. 만약 그렇지 않다고 판단되면 행동으로 옮기지 말라는 것이다.

R은 reliability신뢰도다. 이는 한마디로 팀원들이 리더의 일관되고 반복된 생각과 행동을 보면서 예측할 수 있도록 만드는 습관을 말한다. 리더의 일관된 행동은 팀원들과 묵시적으로 심리적 계약psychological contract을 맺는다. 즉, 리더가 팀원들에게 헌신하는 모습을 반복적으로 보이면 팀원들은 언제 어떤 상황에서도 리더가 나를 도울 것이라는 심리적 안도감을 갖게 되는 것이다.

I는 intimacy의리 또는 정의다. 어려운 상황에서 팀원에게 보여주는 인간적인 의리와 정은 신뢰를 만든다. 결코 배신할 수 없는 의리를 만드는 것이다.

C+R+I의 점수가 높을수록 신뢰지수가 상승한다. 정리하는 질문을 던져보자. 나는 정직한 리더인가? 나는 공사公私가 분명한 리더인가? 나는 조직 또는 개인의 원칙과 신명을 행동으로 실천하는 리더인가? 나는 인간적인 의리와 정을 보여주는 리더인가? 이러한 질문들은 결국 행동으로 표출된다. 마음속에만 있는 심득사항이 아니라 몸으로 보여주는 행동이자 습관이다. 한마디로 리더의 진정성은 '원칙을 반복적으로 보여주는 습관화된 행동의 결과'라고 할 수 있다. 이 말은 결국 솔선수범, 언행일치, 역할모델, 헌신 등과 같은 다양한 용어로 설명되기도 한다. 신뢰와 존경심은 일관된 진성 리더에게 구성원들이 수여하는 마음속 훈장이다.

■ 소통과 다양성을 이끌어 내는 리더의 실천이 답이다

리더가 조직운영의 방향과 원칙을 세우고 모범을 보인다면 그 다음은 조직 구성원들과의 관계가 중요하다. 우선 구성원을 바라보는 인식이 중요하다. 1960년대 미국의 심리학자인 맥그리거D. McGregor는 『기업의 인간적 측면The human side of enterprises』이라는 저서에서 X이론과 Y이론을 발표했다.

X이론으로 사람을 보는 관점은 부정적인 시각이 강하다. 인간은 기본적으로 일하는 것을 싫어하기 때문에 통제와 감시가 필요하며, 책임감이 부족하기 때문에 리더가 강한 권위형 리더십을 발휘할 가능성이 높다고 보는 것이다. 반면 Y이론으로 사람을 보는 관점은 긍정적인 시

각이 강하다. 인간이 일하는 것은 당연하고, 자기 의지와 방향을 갖고 일할 수 있으며, 책임감도 강하기 때문에 리더는 조직 내 신뢰를 강조하고 사람을 육성하며 위임할 가능성이 높다고 보는 것이다.

이 두 이론은 취사선택의 문제가 아니다. 문제의 핵심은 변화하는 환경에 능동적으로 대응하고 자발적으로 지속적인 성과를 창출하기 위해서는 어떤 유형이 필요한지에 대한 기본적인 가정을 세우는 것에 있다. 우리는 지난 100여 년 동안 X이론형 리더십을 당연하게 생각해 왔다. 이 이론은 20세기 경영학에 많은 영향을 끼친 테일러의 과학적 관리 scientific management로 거슬러 올라간다. X이론은 조직 구성원을 기계 machine에 비유하는 인식론으로, 관리 감독자는 생각thinking하고 종업원은 행동doing하는 이원화 체제를 바탕으로 하고 있다. 이는 표준화된 상품을 매뉴얼에 따라 반복적으로 생산하는 직무에 적합하며, 이러한 관리경영시스템은 지난 20세기에 걸쳐 기업뿐만 아니라 사회 전반에 당연하게 받아들여져 왔다.

그러나 변화의 속도가 빠르고 충격이 큰 경우, 매뉴얼만으로는 대응이 늦어질 수 있다는 데 문제가 있다. 또 한 가지 재미있는 사실은 X이론을 바탕으로 한 권위형 리더십이 지속적 성과에 더 효과적이라는 연구 결과는 찾아보기 어렵다는 점이다.

이쯤에서 자신에게 질문을 던져보자.

조직생활 가운데 구성원들에게 전해주는 무용담은 상사의 지시와 통제에 따라 이룬 성과인가, 스스로의 의지와 열정으로 이룬 성과인가? 당신의 상사가 당신을 믿지 못하고 지시와 통제를 강화할 때 지속적인 성과를 창출할 수 있는가X이론형 리더십, 당신의 상사가 당신을 믿어주고 스스로 의지를 가지고 임무에 임할 때 더 많은 성과와 성장을 만들 수 있는가Y이론형 리더십.

물론 리더의 시각이 급격하게 변화하기는 쉽지 않다. 다만 지금부터라도 생각해보아야 할 시점에 이르렀다는 것이다. 현 시대가 요구하는 소통communication에서 가장 중요한 것은 구성원들을 신뢰의 대상으로 보는 시각이다. 테일러가 강조한 생각하는 사람thinker과 행동하는 사람doer의 구분이 아니라 상호 신뢰의 파트너가 되어 팀원들의 의견을 경청하는 소통, 열린 소통, 아래로부터의 소통을 말한다.

팀원들의 잠재력을 일깨우는 방식을 '코칭coaching'이라고 하는데, 이 가운데 가장 중요한 역량은 '질문 기술questioning skill'이다. 질문을 던지면

행동만 하던 사람doer이 생각하는 사람thinker으로 바뀐다. 질문이 바뀌면 답이 바뀌고, 질문이 바뀌면 방향과 원칙이 바뀐다. 또한 동기를 부여 motivation하게 되며 스스로 중요한 구성원이라는 생각을 갖게 된다. 이와 같은 소통과 코칭은 권한위임empowerment이 가능하게 만들어주며 때로는 위기 상황 발생 시 대처 능력을 강화할 수 있다.

우리는 지금 지시-코칭-지원-위임의 단계를 조직에 적용해 나가는 리더십이 필요한 시점에 이르렀다. 지시 단계의 소통은 리더가 중심인 소통인 반면 코칭, 지원, 위임은 조직 구성원이 중심인 소통이며 이는 결국 구성원들의 조직 몰입을 강화하는 바탕이 된다.

정리를 위한 질문을 던져보자. 조직의 지속적인 성장을 위해 리더가 가지고 있는 기본적인 가정은 무엇인가? 리더의 소통방식은 리더 중심인가, 팀원 중심인가? 리더는 질문을 통한 코칭coaching을 하고 있는가, 지시나 통제 중심의 티칭teaching을 하고 있는가? 리더에게 있어서 소통의 동의어는 '경청'이요, '코칭'의 동의어는 질문이다.

■ 혁신의 선두에 서는 리더의 뜨거운 열정이 답이다

2013년 미국의 경제전문지誌인 「포브스Forbes」가 매년 선정하는 '세계 100대 혁신 기업' 순위에 한국 기업은 단 한 곳도 포함되지 못했다. 일본은 11개사, 중국은 5개사가 선정되었으며, 혁신의 아이콘인 애플 사는 76위로 하락했다.

최근 기업들은 눈에 보이지 않는 전쟁, 즉 경제 전쟁을 치르고 있다.

국내외 전선과 전후방이 따로 없는 글로벌 전쟁인 것이다. 21세기 이후에도 글로벌 기업들의 위기가 빈번하게 발생하고 있다. 노키아, 모토롤라, 코닥, AIG, NEC, 소니, 닌텐도 등 세계적인 기업들이 불타는 승강기에서 살아남기 위해 필사의 노력을 기울이고 있다.

한 시대를 풍미하던 기업들이 위기에 빠지는 공통적인 이유는 무엇일까? 한마디로 과거의 성공에 안주하여 변화에 능동적으로 대응하지 못했기 때문이다. 이를 '활동적 타성active inertia'이라고 하는데, 기업이 시장의 변화를 무시하고 과거 자신들이 이룩해 온 경험과 관습에 얽매여 과거 방식을 더욱 열심히 반복하는 현상을 말한다.

10여 년 전까지만 해도 '대기업병'이라는 용어가 있었다. 이는 조직 전체가 이렇게 하다가는 결국 망한다는 것을 모두 알면서 다 같이 손잡고 서서히 망해가는 관료주의 병을 말한다. 삼성경제연구소는 이러한 경영 실패의 주범을 AIDS로 정리했다. 즉, Avarice과욕, Inertia타성, Delusion착각, Self-absorption자아도취다. 과욕은 오판을 초래하고, 타성은 과거에 안주하게 하며, 착각은 고객을 무시하게 하고, 자아도취는 함정에 빠뜨린다는 의미다.

최근 IT 공룡 기업들의 부침이 거세다. 과거 성공 스토리에 갇혀 대세를 알면서도 당하는 경우가 허다하다. 실패로부터 배우려는 자세가 중요한 것은 바로 이 때문이다. 따라서 리더의 변화에 대한 열정이 매우 중요하다. 특히 업業의 본질에 미쳐 있는 열정이 중요하다. 위기 때마다 외치는 "기본으로 돌아가자Back to the basic"라는 말은 결국 업의 본질미션에 충실하자는 의미다.

숫자 관리로 얻은 재무적 성과는 단기적인 처방은 가능하지만 지속적인 성과를 기대할 수는 없다. 회사의 진짜 위기는 위기를 극복한 직후에 찾아온다. 산에 오를 때보다 산을 내려 올 때 사고가 많은 이치와 같다. 따라서 사업의 본질을 향한 지독하고 우직한 열정은 진정한 경쟁력으로 연결된다. 자신이 종사하는 업종에 대한 열정이 경쟁력으로 연결되어야 기업이 영속할 수 있다는 의미다.

리더가 변화의 선두에 서야만 조직의 변화 속도가 빨라진다. 회사의 변화에는 CEO가, 본부의 변화에는 본부장이, 팀의 변화에는 팀장이 선두에 서야 한다. 대부분의 회사 위기는 리더가 만든다. 변화의 타이밍을 인지하고 결정하는 책임은 리더에게 있기 때문이다. 변화의 위기에서 살아남은 기업들은 우리에게 열정과 용기가 중요하다는 교훈을 준다. 변화를 주도하는 리더십의 실천은 5가지 '부터'가 중요하다, 여기서 5가지 '부터'란, 작은 것부터, 할 수 있는 것부터, 위로부터, 여기부터, 나부터를 말한다.

결국 리더의 실천력이 답이다

리더는 태어나는가, 육성되는가? 이 질문은 지난 100여 년 동안 계속되어 왔다. 과거에는 '리더는 태어난다'라는 말을 인정하는 분위기였지만 지금은 그렇지 않다. 최근 하버드대학에서 쌍둥이를 대상으로 실시한 실험에서 타고난 유전적 성향은 25%밖에 영향을 미치지 못하며, 나머지 75%는 후천적 학습에 더 많은 영향을 받는다는 연구 결과가 나왔다. 물론 타고난 성향과 품성도 중요하지만 노력과 실천 여부에 따라 짐 콜린스Jim Collins가 말하는 '위대한 리더great leader'가 얼마든지 탄생할 수 있다.

기독교의 구약이 'God on us', 즉 인간 위에 존재하는 신神의 역사를 의미한다면, 신약은 'God with us', 즉 인간과 함께 하는 신을 의미한다. 리더가 신은 아니지만 역할에 있어서 비슷한 의미로 변화해 왔다고 볼 수 있다.

'Leader on people', 즉 구성원 위에 군림하는 리더의 초기 모습에서 'Leader with people', 즉 구성원들과 함께하는 리더의 모습으로 변화했고, 최근에는 'Leader in people', 즉 구성원들의 심리적, 감성적, 철학적 그리고 영적 리더의 모습으로 진화하고 있다. 중요한 변화의 초점은 존재being로서의 리더 모습에서 벗어나 솔선수범하고 진정성을 갖춘 실천형doing 또는 done 리더를 필요로 하는 시대로 전환되었다는 것이다.

리더십이라는 단어는 권위나 존재라는 의미의 명사noun가 아니라 실천으로 보여주는 현재진행형 동사verb다. 개개인의 성격, 배경, 전공 등은 모두 다르지만 리더로서 보여주어야 할 원칙과 방향인 미션, 비전과 핵심가치를 실천하는 가치 중심 리더십value-based leadership, 진정성을 일관성 있게 보여주어 신뢰와 존경을 받는 진성 리더십authentic leadership, 경청과 코칭을 통해 인재를 육성하는 소통과 코칭 리더십facilitative leadership 그리고 변화를 추구하는 변화와 도전 리더십transformational leadership은 모두 실천력에 달려 있다.

따라서 리더십은 타고난 성격이나 스타일의 문제라기보다는 실천의 문제라고 할 수 있다. 다시 말해서 알고 있는 것knowing과 행동doing하는 것의 차이gap를 줄여 나가는 것이라고 할 수 있다. 최근 들어 기업들은 경영자를 비롯해 임원 및 팀장 등 리더들에 대한 교육을 강화하고 있다. 지식이나 정보는 공급 과잉일 정도로 잘 알고 있다. 몰라서 못하는 것이 아니라 열정과 추진력이 부족하여 못하는 것이다. 결국 리더의 실천력이 답이다.

강력한 리더십 파이프라인부터 시공하자

최근들어 국내 기업들이 플랫flat 조직 형태로 팀제를 운영하고 있는 이유는 조직을 운영하는 데 있어서 의사결정 및 업무 스피드가 중요해졌기 때문이다. 과거 사업부제 시대에는 과課 또는 부部 단위로 조직이 운영되었기 때문에 직무 전문가들이 특별한 리더십 역량을 습득할 필요가 없었다. 말 그대로 조직을 책임지는 역할만 수행했다. 그러나 조직 운영 형태가 팀제로 바뀌면서 리더의 역할과 역량이 바뀌었음에도 불구하고 일부 리더들이 리더십을 갖추지 못한 채로 승진하거나 조직 운영에 필요한 리더십 역량을 충분히 습득하지 못한 상태에서 리더가 되어 많은 문제가 발생하고 있다. 일부 리더들은 과거 자신들을 성공시켜주었던 행동이나 태도를 현재의 리더십에 그대로 적용하는 사례도 있다.

GE의 리더십 프로그램에 기여한 월트 말러Walt Mahler는 "뛰어난 리더는 직책이 올라갈 때마다 그 직책에 적합한 리더십 역량을 습득하고 발휘해야 한다"라는 교차로 모델crossroad model을 개발했다. 리더십 파이프라인 모델leadership pipeline model은 월트 말러의 리더십 모델을 바탕으로 하고 있다. 이는 해당 직책에서 상위 직책으로 성장하기 위해서는 강력한 리더십 파이프라인을 구축해야 한다는 것이다. 미국의 ASTDAmerican Society for Training & Development 국제 컨퍼런스에 참여한 초일류 기업들이 리더십 개발 사례 발표를 통해 자사형 리더십 파이프라인 모델을 소개하고 있다는 점은 이 모델이 현재 얼마나 중요시되고 있는지를 잘 말해준다. 제너럴 일렉트릭

General Electric, 쉐브론Chevron, 존슨 앤드 존슨Johnson & Johnson, 시티그룹City Group 등과 같은 초일류 기업들은 이미 오래전에 자사형 리더십 파이프라인 모델을 구축하였으며, 국내에서도 많은 기업들이 도입하고 있다.

리더십 파이프라인 모델의 핵심은 크게 해당 직책을 수행하는 데 가장 중요한 리더의 인식을 의미하는 업무가치work value, 새롭게 부여된 직무 수행에 필요한 리더십 역량 skill requirement, 업무 방식을 지배하는 새로운 시간 관리time management로 나눌 수 있다. 이 가운데 가장 중요한 것은 바로 '업무가치'다. 이는 해당 직책에 필요한 가치 value가 무엇인지를 스스로 정의할 수 있어야 한다는 것을 의미한다. 그 이유는 직무 수행이 가치관에 따라 결정되기 때문이다.

이미 많은 기업들이 회사에 필요한 업무가치인 '리더 현장'을 제정하고, 리더십 파이프라인 모델을 구축하고 있다. 즉, 국내외 경영 현장에서 공유해야 할 리더십의 체계를 갖추고 있는 것이다. 이제 남은 것은 실천이다. 글로벌 초일류 기업으로 가는 출발점은 '강력한 리더십 파이프라인 모델 구축'에서 시작해야 할 것이다.

학습된 무기력자 vs. 기업가형 학습자
(learned-helplessness vs. entrepreneurial learner)

필자는 글로벌 인적자원 개발과 리더십 부문의 이슈와 동향을 파악하기 위해 미국에서 개최하는 인적자원개발 국제컨퍼런스인 ASTD 대회American Society for Training & Development Int'l Conference에 거의 매년 참석한다. 최근 가장 인상 깊었던 발표 가운데 하나는 미국 남가주대학USC 브라운John Seely Brown 교수의 '21세기 변화의 시대가 요구하는 기업가정신을 갖춘 학습자'라는 제목의 강연이었다. 그의 강연 중 가장 기억에 남는 한 단어는 '기업가형 학습자entrepreneurial learner'다. 그 이유는 통제와 관리의 대상이었던 구성원을 가리키는 '학습된 무기력자learned-helplessness'의 반대 개념이기 때문이다.

지난 100여 년간 기업 내 구성원들은 소수 관리자의 지침을 따르고, 매뉴얼대로 행동하는 데에, 그리고 전통적 관리자는 구성원들을 관리 또는 감독의 대상으로 인식하고 통제하는 데에 익숙해 있었다. 피라미드 구조의 관료제도는 마지막 결재권자에게 책임을 전가하는 시스템이다. 따라서 책임은 상위 관리자들의 몫으로 생각했다. 이런 피동적 상황에서 구성원들은 셀리그만M. Seligman이 말한 '학습된 무기력자learned-helplessness'가 된다. 이는 피할 수 없거나 어쩔 수 없는 환경에 반복적으로 노출된 경험으로 인해 실제로는 스스로 극복할 수 있음에도 불구하고 자포자기하는 것을 말한다. 마치 코끼리 다리에 밧줄을 묶어두는 것이 습관이 되면 밧줄을 풀어 놓아도 도망가지 않는 것과 같은 이치다. 벼룩들을 유리병 속에 넣은 후 마개를 열어두면 유리병의 높이 이상으로 뛰어오르지만 뚜껑을 막아놓으면 뚜껑의 높이만큼만 뛰어오른다. 그런 다음 마개를 열어 놓으면 뚜껑 높이만큼만 뛰어오른다. 결국 벼룩은 유리병보다 더 높이 뛰어오를 수 있는 자신의 능력을 포기해 버린 것이다.

이런 사례는 조직 내에서도 존재한다. 리더가 파워와 정보를 독점하고 있을수록, 리더가 구성원들을 단지 성과를 만들어 내는 존재라는 기계론적 인식을 하고 있을수록, 구성원들은 믿을 수 있는 대상이 아니기 때문에 통제를 해야 한다고 생각할수록, 그리고 무조건 '나를 따르라'를 외치는 리더일수록 조직은 학습된 무기력의 딜레마에 빠진다. 이러한 현상은 조직 내 회의에서도 쉽게 발견되곤 한다. 리더 혼자 회의를 독점하고 구성원들은 조직 침묵organizational silence 현상에 빠지는 경우도 이에 해당한다.

브라운 교수는 이 컨퍼런스에서, 변화의 민첩성을 키워 나가기 위해서는 '기업가형 학습자entrepreneurial learner'가 필요하다고 역설했다. 필자는 깊은 생각에 빠졌다. '그동안 나는 리더로서 학습된 무기력자를 키웠는가, 도전적인 학습자를 키웠는가?' 문제와 해결의 열쇠는 구성원에게 있는 것이 아니라 리더 자신에게 있다는 생각을 해본다.

핵심가치로
조직 성공의 DNA를 만든다

·

인생은 어떤 식으로 살라고 누가 정해놓은 규칙이 아니다.
중요한 것은 나에게 맞는 삶의 방식을 찾아내는 일이다.

| 미하이 칙센트미하이 Mihaly Csikszentmihalyi |

페르시아 왕인 크세르크세스 1세가 그리스를 침공한 테르모필레 전
투에서 스파르타는 고작 300명을 이끌고 페르시아의 30만 대군과 싸웠
다. 그들은 용맹하게 싸웠지만 결국 모두 죽음에 이르렀다. 하지만 그
들은 결코 죽음을 두려워하지 않는 희생정신으로 맞서 싸웠다. 그렇다
면 고작 300명의 스파르타군이 30만 대군의 페르시아군과 싸울 수 있었
던 용기는 어디에서 나왔을까?

그 원천은 바로 리더십leadership과 핵심가치core value이다. 레오니다스
왕의 강한 리더십과 스파르타군의 핵심가치가 바로 그들이 페르시아의
대군과 맞서 싸울 수 있게 한 원동력이었던 것이다. 스파르타 시민은 어

러서부터 혹독한 훈련을 거치면서 끊임없이 '애국, 희생, 명예, 용맹'의 4가지 핵심가치를 중심으로 살아간다. 스파르타군은 바로 이 핵심가치로 무장되어 있었기 때문에 마지막 순간까지 그들의 조국을 위해 용맹하게 싸울 수 있었던 것이다.

■ 조직의 성공을 이끄는 핵심가치

스파르타에게 4가지 핵심가치가 있다면 신라에는 화랑도 세속오계가 있다. 세속오계는 신라가 삼국을 통일할 수 있었던 핵심 정신이라고 말할 수 있다. 대의를 위해 과감히 사사로움을 포기하는 김유신 이야기, 목숨을 아끼지 않고 신라를 승리로 이끈 관창 이야기, 가야와의 전투에서 눈부신 공을 세운 사다함 이야기의 중심 정신은 모두 화랑도 세속오계로 통한다.

스파르타의 핵심가치나 신라의 화랑도 세속오계는 모두 '정신'이며, 이는 곧 '삶의 판단 기준'이자 '신념'이다.

핵심가치는 조직의 주춧돌이다

조직에 새로운 임원이 부임했을 때 조직원들은 많은 기대와 궁금증을 갖게 된다. 대부분 '새로운 임원은 무엇을 좋아하고 싫어할까?', '그는 무엇을 가장 중요하게 여길까?', '평가는 어떤 식으로 할까?', '성격은 어떨까?', '나하고 코드가 맞을까?' 등이 궁금할 것이다. 이 궁금증들에는 가치관value이 내재되어 있다. 리더의 가치관은 조직 구성원 전체의 헌신과 몰입에 많은 영향을 끼친다.

조직은 한 사람 한 사람의 가치관보다 조직 전체가 추구하는 가치관을 브랜드화하여 조직의 성공 DNA를 만들어야 한다. 가치관은 조직 구성원들의 행동양식을 규정하는 근거이자 의사결정의 판단 기준이다.

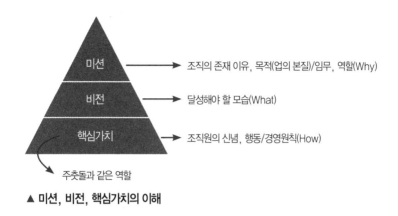

미션 ──────▶ 조직의 존재 이유, 목적(업의 본질)/임무, 역할(Why)

비전 ──────▶ 달성해야 할 모습(What)

핵심가치 ──────▶ 조직원의 신념, 행동/경영원칙(How)

주춧돌과 같은 역할

▲ 미션, 비전, 핵심가치의 이해

핵심가치, 경영이념, 조직 비전 등은 구성원의 사고와 행동에 많은 영향을 끼치는 원칙이며, 이를 바탕으로 가치관 경영이 진행된다. 흔히 말하는 '혼이 살아있는 조직'이란 미션, 비전, 핵심가치가 하나로 연결되어 있는 조직을 말한다. 여기서 미션, 비전, 핵심가치에 대해 좀 더 구체적으로 살펴보자.

가치관 경영은 미션, 비전, 핵심가치로 이루어져 있다. 미션은 조직의 존재 이유이자 목적으로, 'Why'라고 할 수 있으며, 비전은 도달하고 싶은 모습으로, 'What'이라고 할 수 있다. 핵심가치는 조직 구성원의 신념과 행동, 경영원칙에 영향을 끼치는 것으로 'How'라고 할 수 있다. 이 중에서 핵심가치는 미션과 비전이 흔들리지 않도록 하는 주춧돌과 같은 역할을 한다.

많은 가정들이 가훈을 만드는 이유는 핵심가치를 만들기 위해서일 것이다. 물론 가훈이 없더라도 살아가는 데 큰 지장은 없지만, 명문 가문을 만드는 데 있어 가훈은 기본이라고 할 수 있다.

과거 우리 부모님 세대에는 집안이 잘 이루어지기를 바라는 마음으로, '가화만사성家和萬事成' 등을 가훈으로 삼는 경우가 많았다. 하지만 최근에는 그 패러다임이 바뀌어 '아빠는 독선부리지 않기', '절대로 보증 안 서기'와 같은 구체적인 행동강령으로 바뀌고 있다고 한다. 예를 들어 아빠의 독선은 구체적으로 어디서부터 어디까지냐 하는 기준이 없다. 따라서 가족 구성원들이 한자리에 모여 행동강령을 만들 필요가 있다.

김 씨네 가훈

- 아빠는 독선부리지 않기
- 아이돌 그룹 노래 외우기
- 절대로 보증 안 서기

김 씨네 가정 헌법

- 아빠는 분기에 한 번 영화나 연극 관람을 주관한다.
- 아빠는 밤에 야식이나 군것질을 삼간다.
- 엄마는 가족의 건강을 위해 주말에 요리를 배워 특별 요리를 제공한다.
- 엄마는 리모컨 때문에 발생하는 분쟁을 중재한다.
- 아들은 아침에 깨우기 전에 혼자 일어나는 습관을 가진다.
- 아들은 나중에 후회하지 않도록 입시에 최선을 다한다.
- 딸은 외모에 신경을 덜 쓰고, 무리한 다이어트를 삼간다.

그 예로는 '아빠는 영화나 연극 관람을 주관한다', '엄마는 리모컨 때문에 발생하는 분쟁을 중재한다', '아들은 혼자 일어나는 습관을 들인다', '딸은 무리한 다이어트를 삼간다' 등을 들 수 있다.

정신과 구체적인 행동강령을 정하고 5년, 10년 동안 이를 꾸준히 지키는 가정과 그때그때 되는 대로 살아가는 가정 중에 어느 가족 구성원들이 가족에 대한 단합력이나 애정도가 더 높을 것 같은가? 그것은 물어보나마나 일 것이다.

가정뿐만 아니라 학교에는 급훈과 교훈이 있고, 회사에는 사훈이 있다. 이를 한마디로 표현하면 '가치value'다. 이는 곧 삶의 판단 기준이자 신념이다.

어려움을 겪었던 고등학교가 명문교가 된 거창 고등학교의 이야기를 살펴보자. 거창 고등학교를 명문으로 만든 분은 바로 전영창 선생님이다. 이분은 20여 년간 교장으로 재직하면서 학생들에게 사회에 진출하여 직업을 선택할 때 고려해야 할 '직업 선택 10계'를 지속적으로 강조해 왔다. 거창 고등학교 학생들은 이러한 정신을 교육받음으로써 자신들의 직업관과 인생의 가치관을 정립하게 된다. 성적만 중시하고 강조하는 일반적인 관행에서 벗어나 청소년들에게 올바른 가치관을 정립할 수 있도록 오랜 기간 전통과 문화로 승화시킨 것은 매우 의미 있는 일이라고 할 수 있다.

이번에는 기업의 사례를 살펴보자. 많은 기업들이 핵심가치를 갖고 있지만, 전사적으로 이를 공유하고 실천하는 회사는 드물다. 반면 초일류 기업 중에는 핵심가치를 공유하거나 실천하지 않는 기업은 찾아보기 힘들다. 이는 핵심가치를 철저하게 공유하고 실천하는 기업만이 초일류 기업이 될 수 있음을 의미한다.

전사적으로 핵심가치를 공유하고 실천하는 기업인 듀폰DuPont의 이야기를 해보자. 듀폰은 1802년에 설립된 미국의 화약 회사다. 화약을 다루는 기업이니 만큼 '안전'이 그 무엇보다 우선이었기 때문에 듀폰은 핵심가치를 '안전 및 보건', '환경보호', '윤리준수', '인간존중'으로 제정하였다. 지금은 화약뿐만 아니라 화학 분야로 광범위하게 성장한 기업이 되었지만 핵심가치는 여전히 일관성 있게 지켜지고 있다.

얼마 전 듀폰 코리아에서 주최하는 행사에 참석하기 위해 방문한 적이 있었다. 행사를 시작하기 전에 한 임원이 외부 참석자들에게 듀폰의 핵심가치를 설명하기 시작했다. 특히 '안전'에 대한 소개emergency map가 인상적이었는데, 건물의 위치, 화재나 비상시 행동 요령 등을 상세하게 알려주었다. 외부 인사를 초청하여 뜬금없이 안전수칙을 설명하는 것을 듣고, 의아한 생각이 들어 질문을 하였더니 그 임원은 이렇게 말했다. "듀폰에서 모든 회의의 시작은 '안전'입니다. 이것이 바로 저희 회사의 원칙이죠." 그 말을 듣고 난 후 나는 '핵심가치를 중시하는 글로벌 기업은 바로 이런 것이구나!' 하고 느끼게 되었다.

핵심가치는 조직 문화의 본질적 구성 요소라고 할 수 있다. 조직이 한 방향으로 나아가거나 조직이 한 방향으로 나아가면서 각 팀이 차별화된 다양성을 지니고 나아가고 있기 때문에 핵심가치의 역할은 무엇보다 중요하다. 이제 조직은 하나의 문화공동체가 되어가고 있다.

핵심가치의 중요성과 내재화

핵심가치는 구성원들의 사고와 행동에 깊이 체득된 가치로서, 이를 통해 성공의 DNA를 만들게 된다. 핵심가치는 조직문화의 가장 중요한 본질적 구성 요소이며, 실행 여부를 결정짓는 기준이다. '○○회사답다', '○○맨이다'라고 할 수 있는 가장 중요한 근간은 바로 핵심가치다. 핵심가치를 한마디로 정의하면, 기업문화의 근간을 이루는 신조credo, 경영원칙principle, 조직성공의 유전자DNA, 임직원의 사고와 신념belief 또는 행동양식way이라 할 수 있다.

이러한 핵심가치를 조직 내에 정착하기 위해서는 어떻게 해야 할까?

첫째, 조직이 추구하는 핵심가치를 각 부문별 가치로 재해석해야 한다. 추상명사화되어 있는 가치를 조직의 상황에 맞게 구체적으로 해석해야 한다. 가령 '정직'이 어느 회사의 핵심가치라면 정직의 정의definition는 무엇이며, 구체적인 행동강령은 무엇인지를 설정해야 한다. 또한 인사, 영업, 기획, 재무 등 각 팀별 업에 맞는 구체적인 행동강령을 설정해야 한다.

둘째, 공감대 형성을 목적으로 한 지속적인 교육이 필요하다. 인재 선발이나 승진, 승격 시에도 구성원이 핵심가치를 실천하고 있는지에 대한 검증이 필요하다. 또한 각종 제도나 시상, 경영 회의 시 정기적으로 검토하는 과정을 거쳐 핵심가치에 대한 공감대를 제도화하려는 노력이 필요하다.

셋째, 리더가 업무를 수행하는 과정에서 필요한 의사결정의 기준이 되어야 한다. 즉, 일상 업무에서 가치를 끊임없이 강조해 나가는 것이 최선이다. 리더는 중요한 여러 가지 사건이 있을 때마다 이것이 어떻게 핵심가치와 어떻게 연관되는지를 말해줄 필요가 있다. 특히 사례와 같은 부분들이 핵심가치로 정리가 된다면 매우 효과적이다. 또 스스로 본인이 하고 있는 일에 대해서, 언행에 대해서 항상 평가하고 측정해보는 것은 중요하다.

리더는 자신이 몸담고 있는 조직이 추구하는 핵심가치가 무엇인지 성찰해보고, 이를 통해 팀원들을 결속해야 한다. 핵심가치를 현실화하고 팀원들의 의욕을 고취시킬 때 조직 성공의 DNA가 형성될 수 있다는 것을 기억하자.

인생 성공을 도와주는
8척의 배 Ship

인생을 성공적으로 살아가기 위해서는 여러 척의 배ship가 필요하다. 그것은 바로 리더십leadership, 멤버십membership, 오너십ownership, 스킨십skinship, 스포츠맨십sportmanship, 팔로워십follower, 파트너십partnership, 프렌드십friendship 등이다. 이 가운데에는 휘트니스 센터의 멤버십처럼 돈만 있으면 살 수 있는 배도 있지만 리더십leadership처럼 정성과 노력이 수반되어야만 얻을 수 있는 배도 있다.

우선 개인 차원에서는 오너십과 멤버십이 필요하다. 돈으로 사는 배가 아닌, 내 인생의 오너십과 다른 사람들을 도와주는 이타 정신의 멤버십이 필요하다. 가족 간의 관계에서는 스킨십이 중요하다. 기회가 있을 때마다 사랑을 표현해야 한다. 친구 및 동료들과의 관계에서는 프렌드십이 필요하다. 이는 조금 손해를 보더라도 기분 나쁘지 않게 받아들일 수 있는 관계를 말한다. 친구 사이에 신의信義가 필요하다면 사회생활에는 신뢰信賴가 필요하다. 이를 '파트너십'이라고 한다. 신뢰가 넘치는 상호관계를 오래 형성하면 형님, 동생하는 신의동료의 관계로 발전할 수도 있다. 그러나 동료와 파트너 관계를 잘못 판단하여 갈등을 초래하는 경우도 종종 있다. 파트너와의 관계에서는 스포츠맨십이 중요하다. 공정성, 비즈니스 원칙과 룰Rule, 매너와 에티켓 등을 지켜야 하기 때문이다. 이기는 것도 중요하지만 다시 경기를 하고 싶은 파트너가 되기 위해서는 스포츠맨십이 필요하다. 이 밖에도 갑과 을의 관계, 상사와 팀원과의 관계에서 요구되는 팔로워십이 자기 성장의 성패를 좌우하기도 한다. 우직하게 그리고 꾸준하게 팔로워십을 발휘하는 것이 성공의 지름길임을 명심하자.

　인생은 앞서 말한 7가지의 배를 몰고 큰 바다로 나아가는 항해라고 할 수 있다. 이때 필요한 것이 리더십이다. 먼 바다로 나아가려면 풍랑에 견딜 수 있는 큰 배가 필요하다. 배가 작으면 자꾸 흔들리고, 멀미도 나며, 바다에 빠질 것을 두려워해야 한다. 작은 배로는 험난한 항해를 이겨낼 수 없다. 리더의 그릇 크기가 중요한 이유는 바로 이 때문이다. 구축함과 같은 큰 배를 이끌고 나가는 힘, 그것이 리더십이다. 관심과 정성, 아는 것을 실천으로 옮기는 실행력 등 진정한 노력과 열정은 결코 리더를 배신하지 않는다. 나는 지금 어떤 배를 지휘하고 있는가? 혹시 유효 기간 지났거나 상처투성인 배를 운항하고 있지는 않은가? 지금 당장 먼 바다로 나아가는 데 필요한 장비들을 점검해보자.

야구도 경영이다

지난 2011년 9월 어느 경제 일간지에 '삼성 K 사장의 실험'이라는 제목의 칼럼 기사가 게재되었다. 기사 내용은 대략 다음과 같다. 2010년 12월에 삼성 사장단 인사가 있었는데, 삼성SDS CEO를 오래 역임한 IT 전도사 K 사장을 야구단인 삼성라이온스 사장으로 발령했다는 것이다. 당대 야구 감독의 거목인 김응용 사장의 후임 발령인데, K 사장의 오랜 기여에 대한 그룹 차원의 예우라는 후문도 인용했다. 그런데 삼성 야구가 기대 이상으로 너무 잘한다는 것이다. 이대로라면 페넌트 레이스 우승은 물론 플레이오프에서도 우승할 수 있을 것이라고도 했다. 실제로 삼성라이온즈는 2011년부터 2013년까지 3년 연속으로 코리언시리즈 우승을 거머쥐었다.

필자는 K 사장과 한 기업에서 근무한 경험을 갖고 있다. 이사와 과장으로서 만났고, 나는 그 분의 후배사원이었다. 그 분은 전략적 사고가 뛰어난 사람으로 유명했다. 늘 톡톡 튀는 아이디어와 기획력 그리고 구성원들에게 동기를 부여하는 리더십을 가지고 있었다. 훌륭한 리더와 함께 근무한다는 것은 큰 행운이요, 행복이라고 할 수 있다. 물론 직장에서 받는 스트레스가 많기는 하지만 그 분에게 배울 점이 너무 많았다. 필자는 교수가 된 이후에도 그 분을 몇 차례 모임에서 만나 대화를 나눈 적이 있다.

K 사장이 야구단으로 발령을 받은 직후였다. IT 분야와 야구는 연관성이 매우 적은데 어떻게 경영에 임할 것인지를 물었더니 인사 발령 이후 며칠간의 감회를 솔직하게 털어놓았다. 그 해 겨울은 유난히 추웠다. 그런 가운데 갑자기 야구단 사장으로 발령을 받자 많은 고민을 했다고 한다. 그러던 어느 날 야구단 직원이 사장 취임식에 필요한 취임사 초안을 집으로 전달해주고 갔다는 것이다. 보내 온 취임사 초안을 그대로 읽자니 야구단의 전통과 습관에 따른다는 의미로 비쳐질 것이고, 변화와 혁신을 주도하려면 본인의 경영 의지를 천명해야 하는데 야구를 몰라도 너무 몰라서 무슨 이야기를 해야 할지 난감하더라는 것이다. 그래서 K 사장은 두터운 외투를 걸치고 밖으로 나가 주변 산책로를 4시간이나 혼자 걸으면서 자신에게 묻고 또 물었다는 것이다. 전통에 순응할 것인가, 변화와 혁신을 주도할 것인가? 결국 그는 변화를 택했다고 한다. 머뭇거릴 시간이 없었다. 서점에 가서 야구 서적을 뒤졌더니 볼 만한 야구책이 두 권밖에 없었다. 그 책은 바로『야구란 무엇인가』와『야구 규칙』이라는 책이었다. 밤을 새워가며 두 권을 모두 읽고, 야구의 본질이 무엇인지를 고민한 끝에 다른 스포츠와의 차이점 3가지를 발견할 수 있었다고 한다.

첫째, 공이 골대에 들어가야 득점할 수 있는 다른 스포츠와는 달리, 야구는 선수가 베이스를 밟고 홈으로 돌아와야 점수가 나는 경기라는 점이다. 따라서 선수들의 팀워크와 파이팅이 중요하며, 마지막까지 최선을 다하는 모습을 보여주어야 한다. 둘째, 공을 담장 밖으로 넘겨도 득점할 수 있다는 것이다. 팬들은 지키는 야구, 재미없는 야구가 아니라 공격형 야구 그리고 선수들의 열정에 박수를 보낸다는 것이다. 셋째, 사람들은 인생역전처럼 막판 뒤집기를 좋아하는데 9회 말 투아웃 상황에서도 승패가 뒤집힐 수 있는 경기가 바로 야구라는 것이다. 따라서 뚝심과 집념이 중요하다는 것이다.

이러한 내용으로 취임사를 다시 정리한 후에 취임식에 임했더니, 행사 후 선수들과 함께 한 식사 자리에서 한 선수가 일어나 건배 제의를 하면서 "초심! 뚝심! 뒷심!"이라고 외치더라는 것이다. 소통의 시작이었던 것이다. 필자는 이 이야기를 들으면서 마치 야구 영화의 한 장면을 보는 것 같았다.

필자는 앞서 설명한 기사 제목이 나온 시기보다 훨씬 오래전에 이미 이 야구단의 성공을 예감했다. 왜냐하면 IT 최고 전문가로 유명한 그는 삼성SDS의 사장으로 발령받았을 때에도 IT 부문의 전문가는 아니었기 때문이다. 경영의 본질을 꿰뚫는 혜안과 실천적 리더십을 갖춘 경영 리더는 업종을 가리지 않는다는 것을 보여준 좋은 사례다. 우리는 한국시리즈 우승 사례를 소개하는 경영자 조찬 강연장에서 다시 만났다. IT 기업이나 스포츠단이나 경영의 기본은 같다는 내용으로 강연이 시작되었다. '야구도 경영이다'라는 강연 제목이었다. 필자는 강연 시간 내내 벅차오르는 감동을 억누를 수 없었다.

03
What이나 How보다
Why가 우선이다

·

Why를 5번 반복하면
문제의 본질이 보인다.

| 도요타 Toyota |

기업 내 직원들이 자신이 속한 기업의 미션이 무엇이고, 무엇을 위해 존재하는지 모른다면 마음을 다해 일하기 힘들 것이다. 기업들은 간혹 이러한 사실을 놓치는 경우가 있다. 따라서 기업의 근간이 되는 미션과 비전을 제대로 정의하지 못하고 있는 조직은 직원들에게 동기를 부여하기 힘들다.

기업 경영에 있어서 가장 중요한 것은 우리가 왜 존재하는지와 우리가 세상을 위해 무엇을 해야 하는지를 끊임없이 되새기는 일이다. 우리 팀의 존재 이유가 무엇인지, 우리 팀이 없어진다면 어떠한 문제가 생기는지를 명확히 알아야만 자신의 역할과 소임을 깨닫게 된다. 이러한 측면에서 볼 때 조직과 업의 본질과 특성을 명확히 정의하는 것은 매우 중요하다.

당신이 CEO와 함께 엘리베이터를 탔다고 가정해보자. 엘리베이터를 타고 있는 그 짧은 시간 동안 CEO가 "자네는 어느 팀에서 근무하나? 그 팀은 무슨 일을 하는 곳인가?"라고 묻는다면 당신은 팀의 미션에 대해 분명하게 이야기할 수 있는가? 당신이 미션을 1분 내에 설명하지 못한다면 당신 업의 본질을 제대로 파악하지 못하고 있는 것이라고 할 수 있다. 직원이 기업의 근간이 되는 미션을 명확하게 이해하는 일은 기업이나 팀에게 매우 중요하다.

미션 = 경영이념 = 기업목적 = 업의 본질

미션은 우리 회사에서 해야 하는 일이 무엇인지를 정확히 규정하는 것으로, 우리가 궁극적으로 존재하는 이유다. 이를 다른 말로 표현하면 '업業의 본질'이라고 할 수 있다. 오늘날과 같은 급박한 경영 환경에서 살아남기 위해서는 빠르게 변화하는 환경에 맞추어 자사의 업業을 명확히 정의해야 한다. 업의 본질은 시공을 초월하여 언제나 변함없는 업의 기본을 말한다. 예를 들어, 백화점 업의 본질을 매장 임대업이라 가정하면 백화점의 위치 선점이 더 중요할 것이고, 유통업으로 가정하면 고객 분석이 훨씬 더 중요할 것이다. 하지만 업의 특성은 시대나 상황에 따라 달라지는 업의 속성을 의미한다. 우리가 왜 사업을 하고, 왜 조직에 존재하며, 조직에 어떤 기여를 하는지, 기업의 사회적 책임은 무엇인지에 대한 질문과 대답 속에 업의 본질이 포함되어 있다. 다시 말해서 미션이란, 우리가 무엇을 추구하는 것인지, 왜 존재하는지, 어디에 기여해야 할 것인지 등을 정하는 것을 의미한다. 많은 사람들이 비전과 미션을 혼동하는 경우가 있는데, 미션은 우리가 존재해야 하는 이유이고, 비전은 바람직한 미래상을 표현한 우리들의 소망을 말하는 것이다.

미션(Mission)	비전(Vision)
조직의 존재 이유와 목적이 무엇인지를 명확히 찾고 규정하는 것	조직의 바람직한 미래상을 표현한 것으로 미래에 어떤 기업이 되고 싶은지를 나타낸 조직 구성원의 소망

▲ 미션과 비전

기업의 존재 이유, 미션

기업 경영의 근본은 바로 업業의 본질과 특성을 제대로 알고 핵심 성공 요인을 찾아 관리 역량을 집중하는 것이다. 기업을 제대로 경영할 수 없는 이유는 바로 기본적인 업의 개념을 잘 모르기 때문이다. 업의 개념은 직책과 업무 내용에 따라 다를 수 있다. 리더와 조직 구성원은 모두 이에 따라 일의 완급과 경중을 따져 일을 해야 한다. 리더가 조직의 과거부터 현재까지 변화 상황과 미래의 변화 흐름을 읽으면서 업의 개념을 명확히 파악하고 있다면 조직은 과거에 겪었던 실패를 되풀이하지 않을 것이다. 업의 개념을 제대로 파악하느냐의 여부에 따라 조직의 미래는 달라질 것이다.

승승장구하던 미국 제일의 모터사이클 제조업체인 할리 데이비슨은 유럽의 모터사이클 제조업체와 혼다와 같은 값싼 일본 모터사이클 업체의 등장으로 위기에 처한다. 파산 위기에 처하게 된 할리 데이비슨은 값싼 혼다와 자사의 차이에 주목하여 역발상 마케팅으로 위기를 극복한다. 소비자들이 할리 데이비슨을 찾는 소비자들은 단순히 '모터사이클을 타기 위함'이 아닌 '할리 데이비슨을 타기 위함'이라는 데 주목하여 할리 데이비슨의 업을 '타는 즐거움을 판다'로 정하고 공격적인 마케팅을 펼쳤던 것이다.

미션은 비전 설정을 가능하게 해주는 경영 조직체의 정체성identity을 결정하는 것으로, 구성원들이 수행하고 있는 업의 의미와 존재가치를

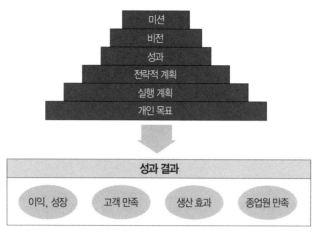

▲ 회사의 미션 & 비전을 개인 차원까지 연계시켜라

밝히는 것이다. 미션은 오랜 기간 바뀌거나 흔들릴 수 없는 기업의 철학으로, 회사가 존재하는 이유이자 기업의 궁극적인 목적을 반영한다. 미션이 기업이 만들어진 근원과 관련되어 있다면, 비전은 기업이 나아가야 할 미래와 관련되어 있다.

미션의 구체화

신입사원 P 씨는 부푼 기대를 안고 첫 조회에 참석했다. 그러나 그는 회사의 미션과 비전에 대해 연설하는 사장님을 보고 실망을 금치 못했다. 사장님은 회사의 미션과 비전이 적힌 연설문에서 시선을 떼지 않은 채 영혼 없이 낭독하는 것이었다. P 씨는 대학에서 경영학을 공부할 때

미션과 비전은 회사의 영혼이자 가슴 뛰는 문구라고 배웠다. 그러나 아침 조회에서 사장님이 밝힌 회사의 미션과 비전에서는 그런 울림을 느낄 수 없었다. 조회가 끝난 후, P 사원은 선배인 S 대리에게 회사의 미션과 비전에 대하여 자세하게 말해 달라고 요청하였지만 S 대리는 P 사원을 이상하다는 듯이 쳐다보기만 했다. P 사원은 다시 회사의 미션과 비전을 위해 우리 부서에서는 어떤 일을 해야 하냐고 물어보았고, S 대리는 짜증을 내며 맡은 일만 잘 알아서 하면 된다고만 대답했다. P 사원은 회사의 방향에 맞춰 일을 하고 싶은 생각할 뿐이었는데 이상한 사람 취급을 받으니 기분이 상했다.

많은 기업들이 회사 차원의 미션과 비전을 수립하고 이를 조직 내에 전파하기 위해 노력한다. 하지만 조직이 추구해야 할 새로운 방향을 구성원들이 이해하도록 하고, 그들의 헌신과 몰입을 이끌어 내는 것은 결코 쉬운 일은 아니다. 따라서 미션과 비전을 수립하는 단계에서부터 구성원의 관심과 참여를 이끌어 내는 것이 필요하며, 수립된 이후에는 다양한 방법을 통해 이를 공유하고 실천할 수 있도록 유도해야 한다. 미션과 비전이 진정한 힘을 발휘하기 위해서는 모든 구성원들이 비전 속에 담긴 목표와 나아가고자 하는 방향에 대한 공통된 인식이 필요하다.

일단 회사의 경영 목표가 결정되면 본부-팀 차원의 조직 목표가 수립되고 개인 차원의 목표KPI까지 체계적으로 정렬됨으로써 전략의 실행과 성과 향상을 유도할 수 있는 것과 마찬가지로 미션이 수립된 이후에는 이를 본부-팀-개인까지 한 방향으로 정렬해야 한다. 그래야만 한 기업이 일정한 방향성을 지닌 채 나아갈 수 있다.

Simple & Clear	• 단순하고 명확하게 작성하라.
Participation	• 리더와 구성원이 함께 만들어라. • 리더가 초안을 작성하고 구성원들이 초안에 대해 토론하는 과정에서 구체화하라.
Feedback	• 다양한 시각을 담고 객관화하라. • 관계 부서나 고객, 외부 인사 등이 함께 검토하라.
Culture	• 조직 문화와 개성을 반영하라.
Marketing	• 다양하게 홍보하여 구성원 모두가 인지하도록 하라.
Standard	• 지침으로 활용하라.

▲ 미션 작성 및 활용

미션을 명문화하자

미션이 조직 내에서 힘을 발휘하기 위해서는 명문화해야 한다. 미션의 명문화는 '사명 선언문' 또는 '미션 헌장'이라고도 한다. 미션을 명문화하는 이유는, 정리된 미션을 보면 머릿속에 하나의 그림이 그려지면서 기억에 각인되도록 하기 위함이다. 성공한 기업에는 명문화된 미션이 존재한다.

미션을 명문화하려면 다음 그림과 같은 3단계 구조를 갖춰야 한다.

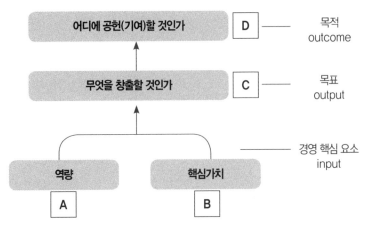

* A와 B를 바탕으로 C를 창출하여 D에 기여한다.

▲ 미션의 일반적인 구조

즉, 무엇을 바탕으로 할 것인지, 어떤 투입물input로 어떤 결과물output을 만들어낼 것인지 그리고 그것이 어디에 기여할 것인지outcome를 고민해야 한다. input에는 경영의 핵심 요소인 핵심역량과 핵심가치, output에는 그를 통해 우리가 만들어 낼 수 있는 결과, 그리고 outcome에는 기업의 목적이 포함되어야 한다. 미션을 쉽게 만들기 위해서는 input 요인 안에 '무엇과 무엇을 바탕으로'라는 핵심역량과 우리 팀의 핵심가치를 바탕으로 어떤 서비스 또는 상품을 만들어낼 것인지를 정한 후, 이것이 어디에 기여할 것인지를 구체화하면 된다.

미션을 명문화할 때에는 다음과 같은 점에 유념해야 한다.

첫째, 함축된 내용으로 간단명료하게 작성해야 한다. 팀 구성원들이 정리된 내용을 보고 쉽게 납득하고 공감할 수 있어야 하기 때문이다.

둘째, 미션은 모든 구성원이 참여하여 작성해야 한다. 리더 혼자 작성하는 것은 단순히 선언문에 불과하다. 모두 공감하고 따를 수 있도록 모든 팀원들이 참여하고 토론한 후에 미션을 만드는 것이 매우 중요하다.

셋째, 미션에는 다양한 시각을 반영해야 한다. 여기서 다양한 시각이란 관계 부서, 고객, 외부 인사의 의견 등을 의미하며, 이는 미션을 객관화하는 데 많은 도움을 준다.

넷째, 조직 문화와 개성을 반영해야 한다. 미션이 정체성을 가지지 못하면 미션을 수행하는 과정에서 추진력을 잃게 된다.

다섯째, 일단 완성되고 나면 다양한 홍보를 통해 미션을 공유해야 한다. 미션의 명문화 작업만으로 만족해서는 안 된다. 미션이 조직 구성원 전체에 스며들기 위해서는 모든 조직 구성원과 미션을 공유해야만 한다.

여섯째, 미션은 모든 기업 활동의 지침으로 삼아야 한다. 미션은 모든 기업 활동과 연결되어 있으므로 기업이 발전할 때나 쇠퇴할 때를 막론하고 가장 중요한 지침standard으로 활용해야 한다.

회사 차원의 미션과 비전은 구체화할수록 개인별로 각 조직에서 근무하고 있는 개인의 핵심성과지표Key Performance Indicator와도 연결된다. 즉, 미션을 구체화한 것이 비전이며, 비전을 달성하기 위해 금년도에 우리가 해야 할 성과목표performance goal가 정해진다. 이는 전략의 우선순위, 실행계획, 개인별 목표와 연결된다. 이제 당신이 속해 있는 조직의 궁극적인 목적인 미션을 답할 수 있어야 한다. 그 맥락에서 당신의 본부-팀-개인 차원의 미션과 비전을 정렬할 필요가 있다.

기러기는 왜 V자 형태로
날아갈까?

겨울을 나기 위해 남쪽으로 날아가는 철새 기러기들은 V자 형태를 그리며 날아간다. 기러기들은 왜 하필 V자 형태를 유지하면서 날아가는 것일까? 그것은 바로 기러기들이 날개를 저으면 바로 뒤에서 따라오는 동료 기러기들이 좀 더 편히 날 수 있는 상승 기류가 만들어지는데, 대열을 V자 형태로 유지하면 비행은 기러기 혼자 날아가는 것보다 최소 71% 먼 거리를 날 수 있기 때문이다. 조직도 이와 마찬가지로 한 방향으로 똘똘 뭉치면 훨씬 더 빨리 비전을 구현할 수 있다.

한 마리의 기러기가 대열에서 이탈하면 그 순간 기러기는 대기의 저항을 느낀다. 그래서 기러기는 재빨리 대열에 합류한다. 앞서 날아가는 기러기의 추진력에 도움을 받기 위해서다. 대열의 맨 앞에서 날아가는 기러기가 지치면 뒤쪽으로 물러나고 금방 다른 기러기가 앞장선다. 뒤쪽의 기러기들은 앞서 가는 기러기들의 힘을 북돋우기 위해 계속 울음소리를 낸다. 기러기의 이러한 습성은 우리가 업무를 추진할 때 뛰어가고 싶은 사람도, 걸어가고 싶은 사람도, 잠시 쉬어 가고 싶은 사람도 오직 한 방향을 향하고 있어야 목표를 달성할 수 있다는 것을 시사한다.

어떤 기러기가 병에 걸리거나 부상을 입어 대열에서 낙오하면 두 마리의 다른 기러기들이 그 기러기와 함께 떨어져 지상에 내려갈 때까지 보호해준다. 두 마리의 기러기는 낙오된 기러기가 다시 날 수 있을 때까지, 아니면 죽을 때까지 함께 머문다. 그런 다음에야 두 마리의 기러기는 하늘로 날아올라 다른 기러기들의 대열에 합류한다. 의심나는 사람이라면 채용하지 말고, 함께 일하겠다는 마음을 먹었으면 의심하지 말라는 말이 있다疑人勿用, 用人勿疑. 끝까지 함께 하겠다는 신뢰와 섬김의 리더십이 있어야만 구성원들의 용기와 도전 정신 그리고 조직에의 몰입을 불러일으킬 수 있다. 리더인 나는 지금 어느 대열에 서서 조직 구성원들을 격려하고 있는가?

당신은 왜 그렇게
열심히 일하는가?

대학에서 생활하다 보니 대학생들과 인생 상담을 자주하게 된다. 어느 날 한 학생이 찾아왔다.

"교수님과 상담을 하고 싶습니다."
"그래, 무슨 상담인가?"
"저의 미래가 걸려 있는 진로 상담입니다."

상담이 시작되면 나는 가장 먼저 다음과 같은 질문을 던진다.
"자네의 인생 좌우명은 무엇인가?"

대부분 이 첫 번째 질문부터 머뭇거리며 대답을 못하는 경우가 많다. 남을 이겨야만 살아남을 수 있다는 경쟁심리만 가득하고, 자기 인생을 풍요롭게 살기 위한 준비는 턱없이 부족함을 느낀다.

나는 또 다른 질문을 던진다.
"자네의 비전은 무엇인가? 무엇이 되고 싶은가?"

이 질문 또한 대답을 못하는 경우가 많다. 간혹 어느 학생은 다음과 같은 대답을 한다.

"저는 기업가가 되는 것이 꿈입니다."

"기업가가 되었다고 치자. 그럼 무엇을 하려고 하는가?"

"저는 돈을 많이 벌고 싶습니다."

"돈을 많이 벌었다고 가정하고, 그 돈을 벌면 어디에 쓸 생각인가?"

"……."

나는 많은 진로 상담을 통해 요즘 젊은이들이 인생을 살아가는 데 필요한 좌우명가치관, 이루고 싶은 소망비전, 그리고 꿈이 이루어졌을 때 하고 싶은 일미션에 대한 고민이 매우 부족하다는 것을 느낀다. 인생의 목표가 기업가이든, 돈이든 중간 목표는 있지만, 최종 목표는 없다. 대부분의 사람들이 성공은 20~30대에 결정되는 것이 아니라 40~50대에 결정된다는 것을 사실을 인식하지 못하고 있다. 100m 단거리 경주가 아니라 마라톤 경주인 것이다. 단거리나 장거리 경주에서 사용되는 근육은 각각 다르다고 한다. 단거리인 경우는 앞꿈치로 뛰지만 마라톤은 뒤꿈치로 뛴다. 연습 방법도 다르다.

사람들은 대부분 단거리 경주에 익숙하다. 하지만 인생은 장거리 경주다. 기업이나 조직도 마찬가지다. 기업이 오랫동안 유지되기 위해서는 멀리, 함께 가는 방법을 연구해야 한다. 당신의 조직과 당신의 미션, 비전, 핵심가치는 무엇인가?

가슴 뛰는 비전이 조직을 이끈다

•

맹인으로 태어난 것보다 더 불행한 것은
시력은 있지만 비전이 없는 것이다.

| 헬렌 켈러 Helen Keller |

비전의 힘이 얼마나 강력한지는 애플 사의 사례를 통해 확인할 수 있다. 애플의 주가가 곤두박질칠 시점에 스티브 잡스가 경영에 복귀하면서 월스트리트의 애플 사 주가는 급등하였다. 그 이유는 바로 스티브잡스가 애플 사 본래의 비전을 상징하는 존재였기 때문이다.

2012년 잡코리아가 상반기에 직장을 옮긴 사람들을 대상으로 조사한 결과, 직장인들이 이직을 결심하게 되는 가장 큰 이유는 '기업의 비전에 대한 낮은 신뢰감' 때문인 것으로 나타났다. 결국 팀에 대한 신뢰나 회사에 대한 신뢰가 낮아 비전을 찾을 수 없기 때문이다. 지금 우리

가 있는 현재 상태에서 우리가 가고 싶어 하는 욕망적인 미래가 바로 '비전'이다.

비전의 강력한 힘

세계적인 가구업체인 허먼 밀러Herman Miller 사의 사장인 에드 사이먼 Ed Simon은 다음과 같이 말했다.

"비전에 몰두해 있을 때, 당신은 비로소 무엇을 해야 할 것인지를 알게 된다. 새로운 투입, 새로운 자료를 통해 당신은 방향을 전환하여 다른 실험을 한다. 모든 것이 실험이다. 그러나 애매함은 결코 없다. 당신은 그것을 왜 하고 있는지 명백하게 알고 있다. 사람들은 "그것이 성공하리라는 보장을 해주세요."라고 말하지 않는다. 이미 모든 사람들은 확실한 것은 없다는 것을 알고 있지만 그럼에도 불구하고 몰두한다."

미션이 기업이 만들어진 근원과 관계가 있다면, 비전은 기업이 나아가야 할 미래와 관계가 있다. 다시 말해서 비전은 '기업이 꿈꾸는 미래'를 형상화한 청사진이다. 비전은 미션에 따라 구체적으로 달성해야 할 중장기적 목표, 즉 성장 전략을 통해 장기적으로 구현하고자 하는 목표이자 미래상이며, 회사가 지향하는 바람직한 미래의 모습이다. 비전은 방향성과 목표를 가져야 하며, 기간이 정해져 있어야 한다. 그리고 무엇보다 달성 가능한 것이어야 한다. 기업의 비전은 우수한 인재를 확보하도록 해주는 역할을 하며, 조직을 활력 있게 하고 조직의 역량을 한데 결집시키는 기능을 한다.

조직 구성원들이 함께 모일 수 있는 이유는 비전이 존재하기 때문이며, 이러한 비전의 위상은 해당 조직의 리더보다 상위에 위치해야 한다. 조직 비전을 리더부터 무시해 버리면 의미가 없어진다. 따라서 리더는 꿈이나 비전에 중독되어 있어야만 한다. 비전은 우리가 고통을 이겨낼 수 있는 가장 중요한 원동력이자 인생의 방향을 알려주는 등대와 같다.

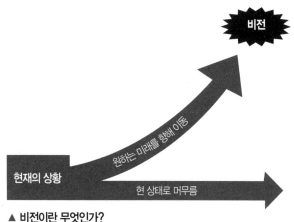

▲ 비전이란 무엇인가?

심리학자인 매슬로우A. H. Maslow는 생애 말기에 '이례적인 성과를 거둔 팀'에 관한 연구를 했다. 이 팀의 가장 놀라운 특징 중 하나는 '공유 비전'과 '목표'였다. 매슬로우는 다음과 같이 말했다. "이 팀에서는 과업이 더 이상 사람과 분리되어 있지 않았다. 과업과 사람은 매우 강하게 하나로 묶여 있어서 과업을 포함하지 않고서는 사람의 실체를 제대로 정의할 수 없었다."

이렇듯 비전은 조직 내에서 상호 관계를 바꿔놓는다. 다시 말해서 비전이 설정되면 회사는 더 이상 '그들의 회사'가 아닌 '우리의 회사'가 되는 것이다.

비전의 수립과 실행

비전을 설정하는 방법에 대해 알아보기 전에 비전이 어떤 요소로 구성되어 있는지를 알아야 한다. 비전은 일정한 방향을 갖고 있고, 목표가 있어야 하며, 기간에 대한 의미를 지녀야 하고, 달성 가능해야 한다.

모든 직원들이 비전을 공유하는 데 있어 가장 중요한 것은 무엇일까? 첫째, 직원들의 가슴을 뛰게 만들 수 있어야 한다. 딱딱한 언어보다는 은유와 유추법 등을 이용해 복잡한 생각을 단순화하고, 이를 효과적으로 전달하여 구성원의 심금을 울려야 한다. 둘째, 조직 구성원들의 의욕을 불러일으키려면 비전이 살아 움직여야 한다. 죽은 시체처럼 아무런 에너지도 느낄 수 없거나 살아 꿈틀거리는 메시지를 전달할 수 없는 비전은 더 이상 비전으로서 가치가 없다. 셋째, 직원들의 피부에 직접 와 닿아야 한다. 비전이 경영자의 생각에는 맞다고 하더라도 직원들이 생각하는 기대 수준과 많이 어긋난다면 직원들은 당황하게 된다. 그렇게

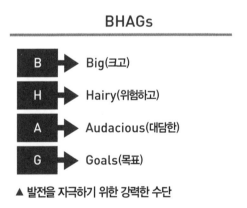

BHAGs

B ▶ Big(크고)

H ▶ Hairy(위험하고)

A ▶ Audacious(대담한)

G ▶ Goals(목표)

▲ 발전을 자극하기 위한 강력한 수단

되면 경영자와 직원 간에 점점 보이지 않는 벽이 쌓이게 된다.

　이제 본격적으로 비전을 설정하는 방법과 프로세스에 대해 알아보자. 우선 비전은 'BHAG'하게 설정해야 한다. 다시 말해서 비전은 매우 크고Big, 위험하고Hairy, 대담한Audacious 목표Goal를 설정해야 한다. 우리 주변에는 비전을 설정할 당시에는 매우 어렵고 대담하고 힘든 목표이지만, 시간이 흐른 후에 생각해보면 더 높은 목표를 설정하지 않은 것을 후회하는 경우를 많이 볼 수 있다. 따라서 우리가 할 수 있는 최대치가 어디인지, 전략적 의지를 가지고 해 나갈 수 있는 부분이 어디까지인지를 생각하는 일은 매우 중요하다.

　당 태종 때의 일이다. 당시 수도였던 장안의 도성 서쪽에 있는 방앗간에 말과 당나귀가 살고 있었다. 이들은 좋은 친구 사이로, 말은 밖에서 짐을 끌고, 당나귀는 방앗간 안에서 연자방아를 끌었다. 얼마 후, 말은 현장대사와 함께 서역을 거쳐 인도로 불경을 가지러 떠나게 되었다. 17년이 흐른 뒤, 불경을 등에 지고 장안으로 돌아온 말은 옛날 자신이 일했던 방앗간을 찾아가 친구인 당나귀를 만났다. 말은 당나귀에게 자신의 여행담을 들려주었다. 끝없이 넓게 펼쳐진 사막, 구름을 뚫고 하늘과 맞닿아 있는 높은 산, 산 정상을 뒤덮은 눈과 얼음……. 당나귀는 신화 속에서나 나옴직한 별천지 이야기를 듣고 매우 놀랐다. "넌 정말 엄청난 견문을 쌓았구나! 난 그렇게 머나먼 여정은 감히 생각할 수도 없는데……." 그러자 말이 대답했다. "사실 우리가 그 동안 걸었던 거리는 아마 비슷할 거야. 내가 서역으로 가는 동안 너 역시 쉬지 않고 연자방아를 끌었잖아. 다만, 다른 점이 있다면 나는 현장대사님과 원대한 목표를 세우고 시종일관 같은 방향으로 나아가다 결국엔 광활한 세계를 개척했다는 거지. 하지만 너는 눈이 가려진 채로 평생 방아를 끌면서 돌았기 때문에 영원히 이 좁은 세계를 벗어나지 못하는 거야."

조직이 비전을 세우고 실행에 옮겨야 하는 것처럼 개인도 비전을 가져야 한다. 그리고 개인의 비전은 그 내용의 옳고 그름이 중요한 것이 아니라, 있고 없음이 중요하다. 아무리 사소해 보이고, 우습게 보이는 비전이라 하더라도 비전을 가지고 실천하는 사람과 비전 없이 사는 사람은 결국 그 끝이 크게 다르다. 비전을 달성하려면 치밀하게 계획을 세운 후에 실행해야 한다. 하지만 대부분의 경우 중도에 포기하고 만다. 하지만 포기했다고 해서 실망하거나 자책할 필요는 없다. 도대체 세상에서 계획을 세운 대로 이루는 경우가 얼마나 되겠는가? 현실적으로 말하자면 계획은 못 지키게 마련이고, 계획은 지키는 것보다 세우는 것에 의미를 두어도 좋다는 것이다. 계획 그 자체만으로도 좋은 경험과 지식을 쌓을 수 있기 때문이다. 비전을 가진 사람만이 기회가 왔을 때 그것이 기회인 줄 안다. 꿈이 있으면 행복해질 수 있다.

우리 회사만의
리더십 브랜드를 만들자

세계적인 HR컨설팅기업인 에이온휴잇Aon Hewitt은 포춘지와 함께 전 세계 478개 글로벌 선진 기업을 대상으로 2002년부터 격년마다 선진 기업들의 리더 양성 우수 사례를 조사한다. 최근에 조사 발표한 선진 기업들의 5가지 공통점을 정리하면 다음과 같다.

첫째, 자사형 리더십 브랜드leadership brand를 갖고 있다. 즉, 기업마다 고유의 DNA인 핵심가치를 중심으로 조직문화를 대변할 수 있는 그들만의 리더십 문화를 갖고 있다.

둘째, 지속적으로 리더들을 평가talent assessment하고 있다. GE의 CEO와 리더들을 Session-C라는 제도를 통해 오랜 기간에 걸쳐 선발하는 것처럼 리더들의 역량, 가치관 그리고 리더십을 지속적으로 점검한다.

셋째, 1:1 맞춤형으로 리더 양성을 위한 학습기회customized learning opportunity를 제공한다. 종래에는 한 번에 많은 인력을 양성할 수 있는 교육 훈련이나 액션 러닝 등이 대부분이었지만 최근에는 코칭 또는 경영자 인터뷰 등 점차 1:1 맞춤형으로 진행되고 있다.

넷째, 안락지대comfort zone보다는 도전지대risky zone에서 역량을 키우도록 격려한다. 그들을 상대적으로 안락한 직책이 아닌 그들의 역량을 충분히 발휘할 수 있도록 새로운 도전기회를 부여한다.

다섯째, 리더들의 다양성을 추구diversity of thought한다. 글로벌 다양성, 글로벌 마인드, 다양한 경험을 중시한다.

이와 같은 내용을 바탕으로 리더들에게 질문을 던져본다.

첫째, 우리 회사의 리더들만이 가지고 있는 독특한 리더십 브랜드는 구축되어 있는가?

둘째, 리더들의 리더십을 지속적으로 평가/분석하고 있는가?

셋째, 리더들이 성장할 수 있는 기회를 어떻게 제공하고 있는가? 특히 상위 리더들은

1:1 맞춤형 코칭이나 인터뷰를 위해 시간을 할애하고 있는가?

넷째, 리더들을 안락지대가 아닌 도전지대에서 역량을 키우도록 격려하고 있는가?

다섯째, 글로벌 다양성, 마인드를 가질 수 있는 기회를 제공하는가?

기업은 결국 사람이고, 리더는 그 중심이라고 할 수 있다. 글로벌 경쟁 시대에 살아남을 수 있는 우리 회사 만의 초일류 리더십 브랜드를 만들어 보자.

주례사 없는 결혼식 주례

20년 이상 대기업에서 근무하다가 막상 대학 교수가 되니 환경이 달라 당혹스러운 경험을 종종 하게 된다. 오랜 회사 생활로 인해 몸에 밴 습관은 쉽게 없어지지 않는다. 교수가 된 지 8년이 흘렀지만 필자는 아직도 아침에 회사에 다녀오겠다고 말하면서 현관문을 나서곤 한다. 학교는 사무실이 아니라 연구실이고, 휴가가 아닌 방학이며, 사원이 아닌 학생이고, 임직원이 아닌 교직원인데 오랜 회사 생활에서 입에 붙은 단어들이 불쑥불쑥 튀어나오기도 한다.

필자는 2006년 가을 학기에 교수가 되었다. 대학 내 리더십센터를 만들고 정신없이 분주하게 생활하는 가운데 교무위원회기업의 임원회의에 해당에서 리더십센터 발전 전략을 보고하게 되었다. 3년 안에 리더십센터를 대학 내 최고의 센터로 만들겠다는 포부를 밝히고 하반기 실천 과제를 보고하였다.

발표를 끝내고 회의실을 나오려는데 어느 학장님이 다가와 "송 교수의 발표는 너무 좋았습니다. 다 좋은데 용어가 아직 적절하지 못한 것 같습니다."라고 말하였다. 순간 당혹스러운 마음에 어떤 용어가 문제였는지 되물었더니 그 학장님은 "자꾸 하반기 과제를 운운하시는데, 학교는 하반기가 아니고 2학기입니다."라고 말씀하셨다. 이렇게 나의 교수 생활은 하나씩 새로운 환경에 적응해 나가고 있다.

교수 생활을 하다 보니 제자들이 생기고 결혼식 주례를 서야 할 경우가 종종 생긴다. 제자의 결혼을 축복해주어야 한다는 데에는 동의하지만 막상 주례 부탁을 받고 나면 여간 신경이 쓰이는 것이 아니다. 그래서 고민 끝에 나만의 방식으로 주례를 서기로 했다. 주례사가 없는 주례를 보기로 한 것이다.

가장 먼저 결혼을 약속한 두 예비부부에게 특별한 과제를 준다. 그것은 바로 결혼에 임하는 각오의 편지다. 신랑과 신부가 서로에게 편지를 쓰되 반드시 반영해야 할 가이드라인을 알려준다.

첫 번째 문단에는 이 결혼을 왜why 하는지에 대한 미션을 적는다. 또한 결혼 후 10년 단위로 달성해야 할 꿈과 비전 그리고 부부가 가정을 지키기 위한 핵심가치를 정리한다. 두 번째 문단에는 낳아주고 키워준 부모님에 대한 감사함을 적도록 하고 상대편 부모님에 대한 존경심을 표현한다. 이때 부모님 존함은 반드시 한자漢字로 적는다. 부모님 한자 이름도 못 적는 불효자가 되면 곤란하기 때문이다. 세 번째 문단에는 상대편 가문을 어떤 자세로 대할 것인지를 적는다. 그리고 마지막 문단에는 다시 한 번 서로에 대한 사랑의 메시지를 적는다.

주례자와 신랑 신부가 모여 일종의 행복 결혼 워크숍을 하는 것이다. 당일에는 웨딩 사진에 맞춰 편지를 동영상으로 띄우고 주례인 나는 그 편지를 낭독해준다. 주례가 하고 싶은 주례사가 다 편지에 녹아 있기 때문에 사족을 붙이지 않고 주례사를 끝낸다. 대개의 경우 신랑의 편지를 낭독하면 웃음바다가 되고, 신부의 편지를 낭독하면 울음바다가 된다. 그리고 나는 그 편지를 액자로 만들어 선물로 준다. 이러다 보니 나중에 결혼식 주례를 서 달라는 제자들이 많아졌다. 농담으로 그들에게 말한다. "자네는 아직 신부도 못 구했는데 어찌 주례 부탁을 먼저 하는가?" 했더니 제자는 "교수님! 신부는 바뀌어도 주례는 안 바뀝니다."라고 말한다. 한 사람의 인생, 한 가정의 미래, 학교와 기업에게도 미션, 비전, 가치의 중요성은 아무리 강조해도 지나침이 없다.

05
가치관 경영으로
위기를 극복한다

·

리더는 사람들의 불만이 언젠가 멈출 것이라는 기대를 해서는
절대 안 된다. 그저 불만의 단계가 점점 더 높아져 가는 것이라고
생각해야 한다. 낮은 수준의 불만을 충족하여
불만의 수준을 더 높은 차원으로 이동시켜야 한다.

| 아브라함 매슬로우 Abraham H. Maslow |

사람들에게 꿈이 무엇이냐고 물어보면 별 고민 없이 대답하는 경우
가 많다. 필자의 사회 초년 시절도 이와 마찬가지였다. 필자가 한 기업
에 입사했을 때의 일이다. 회사 생활에 어느 정도 적응할 무렵, 팀장이
갑자기 회사에 입사한 이유를 물었고, 필자는 아무 생각 없이 "먹고 살
기 위해 입사했습니다."라고 대답했다. 그러자 팀장이 무척 화를 냈다.
"회사가 주는 월급에 연연해하며 하루하루 퇴근 시간만 바라보면서 살
아가는 것이 무슨 의미가 있는가? 최고가 되겠다는 꿈을 가지고 의미
있게 회사 생활을 하지 않으면 결코 성공할 수 없네."

많은 사람들 앞에서 무안을 당했다는 사실보다는 그러한 대답밖에

하지 못한 내 자신이 몹시 부끄러웠다. 그날 이후 "이 분야에서 최고가 되자"라는 뜻을 품고 열심히 근무하여 대리의 직급으로 그룹사의 일을 담당하게 되는 행운을 얻게 되었다. 리더란 이와 같이 조직 구성원들이 일의 의미를 깨닫고 자아실현을 이룰 수 있도록 도와주는 사람이라 할 수 있다.

행복과 성과라는 두 마리 토끼

매슬로우Abraham H. Maslow의 인간 욕구 5단계를 바탕으로 바람직한 조직의 모습과 자아실현의 방법을 살펴보자. 1950년경에 발표된 인간 욕구 5단계 이론은 인간의 행동을 설명하는 이론으로, 사회학, 심리학, 조직행동론 등에서 많이 통용되고 있다. 다음은 매슬로우의 인간 욕구

▲ 매슬로우의 인간 욕구 5단계

5단계를
표현한 다이어그램
으로, 아래쪽으로 갈수
록 원초적 욕구를 나타낸다.
1단계는 먹고 살고자 하는 생
리적 욕구physiological needs, 2단계는 안전하고
행복하게 살고자 하는 안전 욕구safety needs, 3단계는 어떤
조직에 속하고자 하는 사회적 욕구social needs, 4단계는 다른 사
람에게 존경받고자 하는 존경의 욕구esteem needs, 5단계는 가치를 중시
하고 자신이 가진 삶의 목표를 이루고자 하는 자아실현 욕구self-
actualization needs다.

인간의 욕구 5단계를 직장 생활에 적용해보자. 생활을 위해 취업을
하는 1단계를 거치고 나면 안전하고 안정된 삶을 유지하고 싶은 2단계
에 접어든다. 어느 정도 업무가 익숙해지고 나면 인간적인 유대 관계를
맺고 사회적인 소속 활동에 대한 욕구가 높아지는 3단계로 발전한다.
관리자가 되면 승진에 대한 욕구를 해소하기 위해 노력하는 4단계로 넘
어가고 그 이후에는 자아실현을 위해 자신의 사업을 펼치는 5단계에 이

르게 된다. 물론 개개인의 심리적, 물리적 상태에 따라 각 단계를 거치지 않고 바로 상위 단계의 욕구를 경험하게 되는 경우도 있다.

매슬로우는 이 연구를 통해 인간은 누구나 선(善)하고, 자아실현의 욕구를 가지고 있으며, 이는 인간의 존재 목적과 밀접하게 관련되어 있다고 주장했다. 매슬로우는 이 이론을 통해 가장 하위 단계인 생리적 욕구부터 하나씩 충족해 나가다 보면 궁극의 단계인 자아실현의 욕구를 달성하게 된다는 것을 강조한다. 이를 반대로 생각해보면 인간의 가장 큰 행복은 자아실현의 욕구가 충족되었을 때에 비로소 달성할 수 있다는 결론에 이르게 된다. 매슬로우의 인간 욕구 5단계 이론을 '자아실현 욕구 이론'이라고 부르는 이유는 바로 이 때문이다.

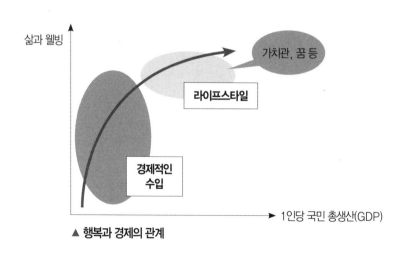

▲ 행복과 경제의 관계

최근 들어 '인간의 행복'을 연구하는 사람들이 늘어나고, 이를 측정하고자 하는 시도가 이루어지면서 급기야 '행복 지수'라는 개념까지 등장하였다. 사람들에게 행복의 조건을 물어보면 대부분 '경제력'이라고 대답한다. 하지만 경제력은 일정 정도의 수준까지만 행복을 보장할 뿐 절대적인 요소는 아니다. 결론적으로 말해서 어떤 가치관과 꿈을 가지고 살아가느냐가 훨씬 더 중요하다.

자아실현의 욕구가 강한 사람들은 일반적으로 다음과 같은 특징을 갖고 있다.

- 잠재역량을 충분히 발휘 또는 개발하고자 한다.
- 가치value에 의해 동기가 부여된다.
- 고차원적인 니즈에 관심이 많다.
- 자신과 타인에 대한 인식이 높은 편이다.
- 자발성, 자율성이 강하다.
- 인간관계에 관심이 많다.
- 민주적인 구조 및 분위기를 중시한다.
- 창의성이 높다.

최근 조직경쟁력에 있어서 중요시되는 핵심역량이 '창의성'이다. 높은 창의성은 누가 시키지 않아도 구성원 스스로 몰입하여 이루어지는 경우가 많다. 그동안 많은 조직에서는 구성원을 생리적 욕구, 안전 욕구 같은 하위 단계의 욕구에 초점을 맞추어 관리해 왔다. 그러나 인간은 태어날 때부터 높은 자아실현 욕구를 가지고 있으며, 조직 차원에서 창의성을 발현하기 위해서는 구성원의 창의성을 증진하는 요소는 무엇인지, 왜 구성원들이 창의적 사고를 하지 못하는지를 더욱 고민해야 할 것이다.

보통 자아실현의 욕구 단계에 이른 사람은 자신이 하고 있는 일이 자신의 가치관과 맞아떨어진다고 생각할 때 일에 몰두하며, 바로 이때에 창의성이 발휘된다. 반면 자아실현의 욕구 단계에 이르지 못한 사람은 예상하지 못한 상황, 계획에 없는 상황처럼 통제나 예측이 불가능한 상황에 놓이게 되었을 때 능동적으로 대처할 수 없어 창의성을 발휘하지 못하는 경우가 많다.

개인적 가치관 vs. 조직적 가치관

직장의 업무 태도를 결정짓는 데에는 조직적인 가치관의 명확성보다 개인적인 가치관의 명확성이 더 중요하다. 다시 말하면 개인적 가치관이 분명한 사람들은 조직의 원칙이 자신의 원칙과 일치하는지를 결정할 수 있는 능력이 있다는 것을 의미한다.

이를 조직의 관점에서 바라보면 개인의 명확한 가치관은 헌신을 이끌어 내는 데 많은 도움을 준다는 사실을 쉽게 도출해낼 수 있다. 다음 그림의 세로축은 조직적 가치관의 명확성을 나타낸 것이고, 가로축은 개인적 가치관의 명확성을 나타낸 것이다. 가장 높은 헌신도를 보인 그룹은 개인적 가치관과 조직적 가치관이 둘 다 높다고 답한 사람들이다. 특히 개인적 가치의 명확성이 직장에서의 행동에 중대한 차이를 만들어 낸다는 사실을 분명하게 보여준다.

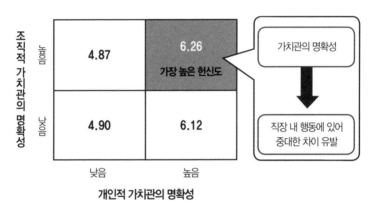

▲ **명확한 개인적 가치관이 헌신에 끼치는 영향** (『The Leader』, 제임스 M. 쿠제스, 베리 Z. 포스너 저)

리더의 역할과 인간 욕구 경영

인간의 욕구와 관련된 리더의 역할을 도출하면 다음과 같이 요약할 수 있다.

첫째, 리더는 눈에 보이는 것tangible, factor과 동시에 눈에 보이지 않는 것intangible도 관리해야 한다. 눈에 보이지 않는 것이란 조직 문화, 미션, 비전, 핵심가치 등을 의미한다. 이는 하위 단계의 생리적인 욕구가 아니라 상위 단계의 자아실현 욕구를 강화하기 위해 존재하는 것이라는 점에 주목할 필요가 있다.

둘째, 리더는 조직원들과 목표를 공유하고, 원칙에 대한 합의를 이끌어 내며, 공유 가치를 지닌 공동체를 형성하고 강화해야 한다. 공유 가치는 생산적이고 진정성 있는 업무 관계를 형성하는 바탕이다. 따라서 리더가 구성원에게 모범을 보이려면 구성원들이 기대하는 것이 무엇인지 이해하고 있어야만 한다.

셋째, 리더는 통제하기보다는 자율성을 부여하고, 지시하기보다는 자발적 참여를 유도해야 한다. 칙센트미하이Mihaly Csikszentmihalyi 교수는 몰입의 개념을 소개하면서 인간은 여가 시간보다 업무 시간 중에 몰입을 경험하는 경향이 많고, 업무를 즐길 수 있는 무아지경의 상태가 되었을 때 더 높은 성과를 창출할 수 있다고 말했다.

위와 같은 내용을 바탕으로 자신에게 다음과 같은 질문을 해보자.
- 구성원들에게 하위 단계 욕구를 자극하는가? 자아실현의 욕구를 자극하는가?
- 나는 어느 단계의 욕구를 추구하는가?

위기의 조직을 이끄는 힘, 가치관 경영

D 그룹은 소비자들이 접하기 어려운 중간재를 많이 생산하는 회사임에도 불구하고 최근 들어 회사의 인지도가 계속 올라가고 있다. 그 이유는 바로 '기업의 미래는 사람이다'라는 인재 중심의 가치를 계속 강조해 왔기 때문일 것이다. D 그룹과 같이 핵심가치core value를 유지하고 있는 세계적인 기업들은 우리 주변에도 많다. 이 기업들은 자신들만의 독특한 방식을 조직에 적용하여 성공 DNA를 만들어간다. 이는 회사가 추구하는 미션, 비전, 핵심가치는 새로운 가치를 만들어 내는 자아실현 욕구를 이루는 것과도 일맥상통한다는 사실을 증명한다.

발레리나에게 한 발을 축으로 회전하는 피루에트pirouette 동작을 할 때 어떻게 하면 균형을 잃지 않고 돌 수 있는지를 물어보면 "오직 한곳만을 쳐다보고 회전하기 때문이다."라고 대답한다. 조직도 이와 마찬가지다. 조직이 수많은 장애물을 넘기 위해서는 오직 한 방향만을 바라보아야 하며, 그것이 바로 미션, 비전, 핵심가치라고 볼 수 있다.

매슬로우의 이론 연구에서는 조직원들에게 상위의 욕구를 자극할수록 몰입engagement과 애사심loyalty이 높아진다고 강조하고 있다. 즉, 매슬로우가 이야기하는 하위 단계의 욕구결핍 욕구만으로는 절대로 자아실현의 욕구를 이끌어 내기 어렵다는 것이다. 결국 고차원의 욕구를 계속 강조하거나 자극해야만 조직원들의 높은 몰입을 기대할 수 있다.

조직이 추구하는 가치와 개인이 추구하는 가치가 일맥상통하면 구성원들이 회사의 경영을 신뢰할 수 있고, 이는 조직의 성과와 연결된다. 이와 같은 측면에서 볼 때 팀 차원의 미션과 가치가 개인 미션과 일치하도록 하는 일은 매우 중요하다. 회사와 조직과 개인의 가치가 서로 일치하지 않으면 조직 몰입도는 현저히 떨어진다. 이것이 바로 우리가 가치 중심의 경영을 추구해야 할 이유다.

가치 중심의 경영과 시너지

모든 조직원들의 마음을 얻으려면 모두 윈-윈win-win할 수 있는 조직의 목표 달성과 함께 조직 구성원의 행복 창출과 자아실현을 추구해야 시너지 효과를 거둘 수 있다. 시너지란, 1+1이 3이 되듯이 전체가 각 부분들의 합보다 더 커지는 것을 의미한다. 각 부분들 상호간에 맺고 있는 관계는 전체의 일부분이고, 또 그 자체가 전체의 역할을 하는 것이다.

리더십은 결국 마음을 얻는 것으로 귀결된다. 또한 서로가 진정으로 자아를 실현하고, 자기 존중 의식과 각자의 가치 의식을 육성하며, 독립적으로 성숙하여 점차 상호의존적이 되는 기회를 제공할 때 시너지가 발휘되며, 시너지 효과를 얻기 위해서는 '이것 아니면 저것'이라는 이분법적인 사고에서 벗어나야 한다.

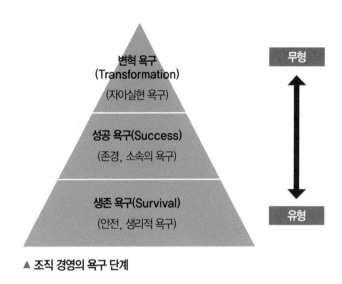

▲ 조직 경영의 욕구 단계

기업의 가치 중심 경영이 조직의 목표를 달성하는 데 영향을 끼치고, 더 나아가 시너지 효과를 얻기 위해서는 어떻게 해야 할까?

첫째, 팀원이 어떤 욕구 단계에 있는지 파악해야 한다. 매슬로우의 인간 욕구 5단계를 바탕으로 팀원들이 어떤 단계의 욕구에 머물러 있는지를 파악하고, 이를 상위 단계의 욕구 단계로 끌어올리기 위해 노력해야 한다. 이와 함께 리더 또한 상위 레벨, 즉 자아실현에 가까울수록 훌륭한 리더라는 점을 명심하고 가능한 한 상위 레벨의 욕구를 자극하기 위해 노력해야 한다.

둘째, 팀원이 의미 있는 일을 하고 싶어 한다는 것을 인정해야 한다. 대부분의 기업들은 리더의 인식과 환경을 변화할 생각은 하지 않은 채 직원 개개인이 알아서 자아실현 욕구를 충족해야 한다고 생각하고 있다. 하지만 종업원의 자발성, 그리고 회사의 성패에 대한 참여 정신을 이끌어 내기 위해서는 조직의 리더가 일을 생계의 방편이 아니라 자아 연마와 발전의 도구로 인식하고, 직원의 자아실현 욕구를 자극할 수 있는 인간 욕구 경영을 해야 한다.

셋째, 자아실현의 욕구를 조직에 접목시켜 시너지 효과를 내야 한다. 자아실현을 추구하는 사람에게는 개인의 가치관이 무엇인지 아는 것이 중요하다. 개인의 가치관이 선행되어야만 자기 일에 몰입하여 조직에 헌신할 수 있는 확률이 높아지기 때문이다.

당신은 행복한 리더인가?

행복이란 무엇일까? 행복은 과연 언제 느낄 수 있는 것일까? 플라톤Platon이 "선의 이데아가 참된 행복이다"라고 말한 것처럼 과거에는 행복을 철학적으로 설명하였다. 20세기 이후에는 행복을 과학적으로 밝히려는 연구 조사The science of happiness가 이루어졌으며, 최근에는 행복도 만들어질 수 있다는 긍정심리학 등으로 구체화되고 있다.

일반적으로 행복에 영향을 주는 요소들로는 연령, 성별, 외모, 교육 수준, 건강, 수입 등과 같은 객관적인 요소를 들 수 있다. 하지만 조사에 따르면 이러한 객관적인 조건들은 오히려 행복에 끼치는 영향력이 적다고 분석되었다.

그렇다면 행복에 영향을 끼치는 요소는 무엇일까? 우선 첫 번째는 심리적 자유감이다. 스스로 결정할 수 있고 만족감이 높을수록 행복감은 증진된다. 조직 내에서 심리적 자유감을 느낄 수 있기 위해서는 상사와 팀원 간에 믿고 맡기기 위한 코칭과 권한 위임empowerment을 바탕으로 한 상호 신뢰와 다양성을 인정하는 조직문화가 중요하다. 심리적으로 구속되거나 통제가 심할수록 심리적 자유감은 떨어진다. 두 번째는 사회적 유대관계social relationship다. 기업, 조직, 커뮤니티 등에 속해 있는 소속감이 행복감을 준다. 따라서 핵심가치의 공유는 조직 내 소속감을 높이기 위한 동료를 동반자로 만드는 연대감을 높인다.

이를 리더십으로 설명하면, 리더는 그저 좋은 리더good leader가 되어서는 곤란하다. 업무에 자신감과 열정이 있고, 행복을 추구하는 행복한 리더happy leader가 되어야 한다. 행복감은 조직 내에 전이되기 때문이다. 가족이나 직장 동료, 상사 등 자주 접하는 사람들이 행복하면 15%의 행복감이 증진되고, 이웃집이나 옆 팀의 동료가 행복하면 10%가 증진되며, 자주 보지 못하고 전화로만 통화해도 행복감은 5% 이상 증진된다고 한다. 이러한 측면에서 볼 때 리더가 행복해야 조직이 행복할 수 있으며, 조직은 리더를 닮아간다는 말이 일면 타당해 보인다. 당신은 행복을 전파하는 리더인가? 개성과 다양성을 인정하며 심리적 자유감을 불어넣는 리더인가? 소속감을 통해 유대관계를 강화하는 리더인가?

결국 팀원의 행복감은 리더의 행복감에 영향을 받기 때문에 리더의 리더십이 중요하다. 스스로 대답해 보자. 당신은 행복한 리더인가?

나를 성장시킨
리더의 격려 한마디

1990년대 중반, 회사에 처음으로 해외 MBA 연수제도가 도입되었다. 이는 차세대 경영리더를 전략적으로 양성하기 위한 제도로, 2년간 해외 대학에서 석사학위를 받을 수 있는 기회를 제공한다. 이보다 수년 전 해외 지역 전문가 제도가 이미 운영되고 있었지만 가족까지 동반할 수 있는 해외 유학제도는 그 당시로서는 파격적이었다. 하지만 지원 조건은 파격만큼이나 까다로웠다. 인사고과 성적이 좋아야 하고, 영어 실력이 상당 수준이어야만 했기 때문에 거의 수백 대 일의 경쟁을 통과해야 할 것 같았다. 업적에 따른 인사고과 성적은 좋은 편이었지만, 그 당시 공인 영어 시험조차 본 적이 없던 나는 아예 지원할 생각조차 못하고 있었다.

지원서 마감날, 직속 상사인 임원을 복도에서 우연히 만나 인사를 드렸더니 해외 MBA 연수제도에 지원서를 제출했느냐고 물었다. 기준 미달이라 지원하지 않았다고 말씀드렸더니 빨리 지원서를 내 보라고 권했다. 마감 시간 2시간 전에 이르러서야 지원서를 작성하면서 괜히 들러리나 서는 것이 아닌가 싶어 망설이다가 영어 점수란을 빈칸으로 둔 채 제출했다. 지원서는 임원회의를 통해 그룹 인사위원회로 올라가게 되었고, 결국 마지막 면접시험을 통과하고 영어점수는 조건부로 하여 해외 연수 파견 기회를 갖게 되었다. 직속 상사인 임원의 책임하에 지원자가 필요한 영어점수를 획득하면 미국 대학으로 파견할 수 있다는 조건이었다.

이튿날 임원과의 면담이 있었다. 영어공부를 어떻게 할 것인지를 묻는 질문에 특별한 대안이 없다고 대답하고 지금부터 집중적으로 해야겠다고 말씀드렸더니 이 시간 이후 3개월 동안 업무에서 완전히 손을 떼고 영어 공부에만 집중하여 회사 해외 파견 기준의 토익점수, 해외 대학원에 보낼 토플 및 GRE 점수 3가지를 모두 통과할 것을 요구했다.

이때부터 내 생애 처음으로 목숨을 건 영어공부가 시작되었다. 결국 마지막 3개월째에 회사가 요구한 영어 점수 3가지를 모두 통과하게 되었고, 드디어 미국 대학원에 입학하는 기회를 잡았다. 내친 김에 공부에도 목숨을 걸게 되었다. 결국 2년 반만에 파견자 중 유일하게 석/박사 학위를 모두 받아 귀국하게 되었다. 석사 학위를 취득하기 위해 파견된 것인데 박사가 되어 돌아온 것이다. 플로리다 주립대학 역사상 박사 학위 취득 최단 기간 기록도 세우게 되었다. 벌써 20년이 다 되어가는 옛날 이야기지만 지금 생각해보면 나를 믿어주고 키워준 그 리더를 잊을 수가 없다. 내 평생 은인인 셈이다. 지금은 두 사람 모두 회사를 떠났지만 그때 일을 생각하면 감동과 함께 가슴이 떨려온다. 심리적 계약 psychological contract은 상사의 진정한 배려와 신뢰를 통해 만들어진다는 것을 체험한 소중한 기회였다.

2장

진성
리더십
Authentic
Leadership

리더의 모범과 솔선수범을 통해 구성원들은
리더를 신뢰하고 존경하게 된다. 이것이 바로 진성 리더십이다.
리더의 진정성은 습관을 통해 형성됨을 잊지 말아야 한다.

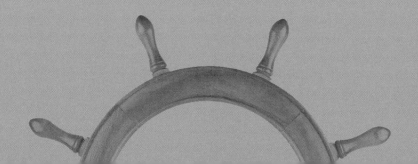

신뢰가 심리적 계약을 강화한다

·

리더에게 가장 중요한 것은 스스로 역할 모델이 되어 모범을
보이는 것이다. 리더란 아무래도 눈에 띄는 존재이기 때문이다.

| 피터 드러커 Peter F. Drucker |

눈을 감고 다음과 같은 상황을 상상해보자. 당신이 최고급 호텔에서
열리는 만찬에 초대를 받아 인테리어가 화려하고 해변이 내려다보이는
멋진 방에 들어섰다. 그 방 한가운데에는 다섯 개의 의자가 준비되어 있
다. 그 의자에 당신 인생에 있어 가장 고마운 은인을 앉게 한다면 누구
를 선택할 것인가?

"당신 인생에 많은 영향을 끼친 사람은 누구인가?"라고 물어보면 사
람들은 대부분 선생님, 부모님또는 형제자매, 직장 상사, 선배, 동료 등을 떠
올린다. 인생에 영향을 끼치는 사람들은 역사적 위인이나 유명 인사와
같이 대단한 사람들이 아니라 주변 사람인 경우가 많다.

미국에서 실시한 조사에 따르면 '당신의 역할 모델은 누구인가?'라는 질문에 가족 구성원family member이라고 답한 사람이 가장 많았으며, 그 다음은 직장 상사business leader였다고 한다. 이러한 점에서 볼 때 부모님을 제외하면 비즈니스 리더가 개인의 성장에 가장 많은 영향을 끼치고 있는 셈이다.

	18~30세	30세 이상
가족 구성원	40	**46**
교사 또는 코치	26	14
지역 사회 지도자	11	8
직장 상사	7	**23**
정치 지도자	4	4
전문 운동선수	3	0
엔터테이너	2	0
모름/기타/확실히 모름	7	4

▲ **리더로서의 역할모델은 누구인가**　　　　　(제임스 M. 쿠제스, 배리 Z. 포스너)

우리는 위 조사 결과를 통해 인생은 어떤 리더를 만나느냐에 따라 달라진다는 것을 알 수 있다. 이는 '리더를 잘못 만나면 불행해질 수 있다'라는 것을 의미하기도 한다. 최근의 한 조사에 따르면 유능한 직원들이 조직을 떠나는 가장 큰 이유는 조직 내 부적응, 즉 상사와의 갈등으로 나타났다. 결국 회사를 떠나는 것이 아니라 상사리더를 떠나는 것이다.

최근 조사에 따르면 관리자 8만 명을 대상으로 실시한 조사에서 직

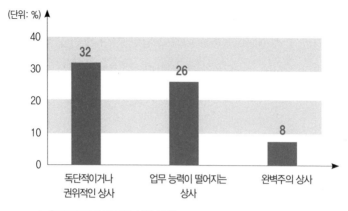

(단위: %)

40

30

32

26

20

10

8

0

독단적이거나
권위적인 상사

업무 능력이 떨어지는
상사

완벽주의 상사

▲ 함께 일하기 어려운 상사 유형

원들은 회사보다는 실제 근무하는 팀이나 현장으로부터 더 큰 영향을
받는다는 사실이 밝혀졌다. 다시 말해 직원들의 의식은 CEO 또는 기업
의 정책이나 방침보다 직속 상사팀장로부터 더 큰 영향을 받는다는 것을
의미한다.

예를 들어 팀장이 회의에 다녀온 후 팀 회의를 소집했다고 가정해보
자. 팀장이 팀원들에게 이번 경영 혁신에 회사의 사활이 달려 있다고 말
하면 팀원들은 경영 혁신을 중요하게 생각하고 고민할 것이다. 하지만
팀장이 경영 혁신을 가볍게 여기고 팀 회의를 하면 팀원들도 경영 혁신
을 중요하게 생각하지 않을 수 있다. 이처럼 직원들의 의식은 기업의 방
침보다 직속 상사에게 더 큰 영향을 받는다.

행복 리더십

아프리카 속담에 "빨리 가려면 혼자 가고, 멀리 가려면 함께 가라"는 말이 있다. 리더의 인생 1막은 혼자, 빨리, 자기중심적으로 개인의 역량을 강조하고 개인의 논리를 중시하며 살아간다. 하지만 인생 2막에서는 함께 멀리 가는 것을 추구하지 않으면 안 된다. 따라서 팀원들의 성공을 위해 팀원들을 배려하고, 동참을 통해 코칭하는 것이 필요하다. 즉, 리더의 2막은 자기중심적이 아니라 타인중심적으로 바뀌어야 하며, 개인 역량 또는 개인의 논리보다 조직의 역량, 조직의 논리를 더 중시해야만 한다. 물론 개인 역량도 중요하지만 리더로서의 영향력이 조직의 역량 및 논리와 맞아떨어지는 것이 훨씬 더 중요하다.

1막	2막
• 혼자 빨리(I)	• 함께 멀리(We)
• 자기 중심	• 조직 중심
• 학력, 전문성, 직위	• 동기부여, 코칭, 위임
• 개인 핵심역량	• 조직역량과 조직성과
• 개인논리	• 조직논리

▲ 행복은 리더십 1막이 아니라 2막이 중요

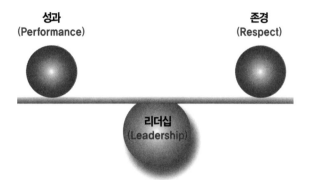

▲ 리더십이란 성과와 존경의 균형

행복한 인생은 리더 1막이 아니라 2막에 의해 결정된다. 리더 2막에서는 후배, 팀원, 조직을 위해 헌신하는 모습이 훨씬 더 중요하다. 한마디로 정의하면 '리더십은 사랑'이라고 표현할 수 있다. 그리고 리더십을 발휘하는 데 있어서 사랑은 옵션이 아니라 미션이다.

존경받는 리더가 되기 위해서는 존경심과 성과 간의 균형을 유지해야 한다. 지금 당장 자신에게 영향을 끼친 리더를 떠올려보라. 누군가가 떠올랐다면 그 리더의 언행과 특성을 생각해보라. 아마도 겸손, 긍정적 언행, 경청, 배려, 자신감, 기회 제공, 감사, 동기부여, 유머 감각, 미소, 집념, 정직, 신뢰와 믿음 등과 같은 단어들이 연상될 것이다. 이러한 사실로 미루어볼 때 '존경심'은 '타인을 위한 행동'에서 비롯된다는 것을 알 수 있다.

행복해지려면 심리적 자유와 유대 관계가 중요하다. 여기서 심리적 자유란 스스로 마음의 여유가 있고, 스스로 결정할 수 있는 상태를 말하며, 유대 관계란 어떤 사람을 상사로 만나는지와 같은 사회적 관계를 말한다.

누구나 리더가 될 수 있지만 리더다운 리더가 되는 것은 어렵다. 다시 말해 심리적 자유를 줄 수 있는 환경과 유대 관계를 맺고 있는 리더가 구성원들의 행복감을 높여주는 리더다.

정직한 리더

산타클라라 대학교의 리비 경영대학원장이자 조직행동학 교수인 제임스 M. 쿠제스James M. Kouzes는 『리더십 챌린지Leadership Challenge』라는 책에서 20년 동안 회사원 7만 5,000명을 대상으로 조사한 결과 조직원에게 가장 큰 영향을 끼치는 요소는 '정직integrity'이라는 것을 밝혔다.

우리는 여기서 '정직'이 조사 기간20년 내내 가장 높은 순위를 차지하고 있었다는 사실에 주목해야 한다. 조직원들은 자신들의 리더가 믿음직한지, 도덕적인지, 원칙을 지키는 사람인지를 확인하고 싶어 한다. 이에 대한 확신이 들어야만 팀원들이 조직에 몰입할 수 있다. 누군가를 자발적으로 따르게 하는 데에는 믿을 수 있는 사람이라는 확신이 전제되어야 한다.

리더의 정직에 대한 사람들의 태도는 다음과 같이 요약할 수 있다. 첫째, 사람들은 자신이 따르는 리더를 어느 상황에서나 신뢰하고 싶어 한다. 둘째, 자신의 리더가 강직한 성품과 견실한 청렴성을 지닌 사람이라고 확신하고 싶어 한다. 셋째, 누구나 자기편이 이기기를 원하지만 승리를 쟁취하는 과정에서 반칙을 일삼는 사람을 따르고 싶어 하지는 않는다. 넷째, 흠 잡을 데 없는 성품과 강직한 청렴성을 가진 사람을 따를 때, 자신 또한 그와 같은 사람으로 비쳐질 것이라 생각한다.

신뢰의 공식

휴렛팩커드HP의 창립자인 빌 휴렛Bill Hewlett이 현미경을 가지러 회사의 공구 창고에 들렀다. 그런데 "필요시 어느 때나 자유롭게 사용하도록 모든 공구 창고와 부품 저장소는 항상 개방해야 한다"는 회사 방침과 달리 창고는 굳게 잠겨 있었다. 직원들이 연장과 부품을 훔쳐가는 것을 방지하기 위한 조치였던 것이다. 공구함이 잠겨 있는 것을 본 빌은 자물쇠를 뜯어 창고를 열고, 다음과 같은 메모를 남겼다.

"HP는 직원을 신뢰합니다."

공구 창고나 저장소의 개방은 HP가 비즈니스를 함에 있어 기본 철학인 '신뢰'와 '정직'을 상징하는 것이다. 팩커드는 "회사 초창기 때부터 빌과 나는 휴렛팩커드 직원들에게 큰 믿음과 신뢰를 갖고 있었다. 우리는 직원들이 다른 사람들을 대할 때, 정직하고 개방적이길 기대하며 또 그럴 것임을 믿었다."라고 회상하였다.

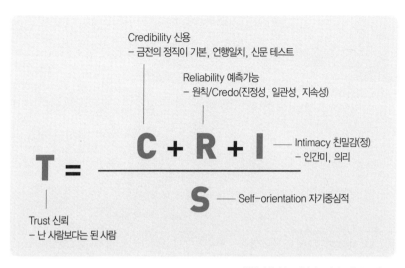

▲ 신뢰의 공식 （『신뢰의 기술』, 데이비드 마이스터, 2009)

리더가 갖춰야할 역량 중에서 신뢰Trust는 매우 중요하다. 다음은 신뢰를 간단하게 정의한 공식이다.

신뢰Trust는 신용Credibility과 예측가능한 원칙Reliability, 그리고 의리와 같은 친밀감Intimacy을 자기중심적인 사고Self-orientation로 나누었을 때 나타나는 것이다. 신용Credibility은 회사의 입장에서 특히 금전적인 면에서 부각된다. 회사에서는 공사 구분, 특히 금전적인 면에서 명확해야 한다. 이를 판단하는 기준으로 많은 기업들이 신문 테스트Paper Test를 한다. 이 테스트를 통해 '내가 오늘 했던 언행이나 행동을 내일 아침에 CEO나 팀원에게 당당히 말할 수 있는가?'를 생각해보게 한다. 많은 기업들이 사용하는 신문 테스트의 요건은 글로벌 선진 기업으로 갈수록 까다롭다.

또한 예측가능한 원칙Reliability은 자신의 신념과 원칙을 지켜 나가는 것 또는 예측이 가능한 사람을 의미한다. 리더는 자기 삶의 원칙을 꾸준히 지켜야만 조직원들에게 신뢰받을 수 있다. 그리고 조직원들은 자신이 공격을 당했을 때 리더가 보여주는 의리나 정Intimacy에 의해 몰입한다. 예를 들면 상을 당한 팀원이 있을 때 팀원을 찾아가 도와주는 팀장에게 팀원은 '내가 항상 어려울 때 팀장이 도와줄 거야. 의리가 있으니까'라고 생각하게 되며, 그때 '저런 팀장이면 믿을 수 있겠어'라는 심리적 공감대를 형성하게 된다.

리더의 신뢰성이 높다고 느낄 때	리더의 신뢰성이 낮다고 느낄 때
• 자신이 소속된 조직을 다른 사람들에게 자랑스럽게 밝힌다. • 강한 공동체 의식을 가지고 있다. • 자신의 개인적 가치관이 조직의 가치관과 일치한다고 생각한다. • 조직에 대한 소속감을 느끼고 헌신하고자 한다. • 조직에 대한 주인 의식을 갖게 된다.	• 주도면밀한 감시 아래에서만 일을 한다. • 주로 돈을 통해 동기를 부여받는다. • 공적인 자리에서는 조직에 대해 좋게 말하지만, 사적인 자리에서는 조직을 비판한다. • 조직이 어려움을 겪을 때 다른 일자리를 찾아보려고 한다. • 충분한 대우를 받지 못한다고 느끼며, 인정받지 못하고 있다고 느낀다.

▲ **신뢰성이 구성원들의 태도에 끼치는 영향** (『The Leader』, 제임스 M. 쿠제스, 배리 Z. 포스너, 2008)

가슴에 새기는 심리적 계약

최근 들어 인재의 확보와 유지가 핫이슈로 떠오른 가운데, 각 기업은 직원들로부터 높은 충성심과 몰입을 이끌어 낼 수 있는 비법을 찾는 데 골몰하고 있다. 우수한 인재를 지속적으로 확보하고 성공적으로 유지하는 기업은 자기 나름대로의 차별화된 특성이 있다.

우수한 고용 브랜드의 핵심은 직원과 회사를 하나로 묶어 '심리적 계약' 체결 상태로 만드는 것이다. 여기서 심리적 계약이라 함은 '조직과 구성원 간 상호 의무에 대한 기대와 믿음'을 지칭한다. 심리적 계약은 장기간에 걸쳐 조직과 구성원 간의 상호 기대와 의무가 제대로 이행된다고 느낄 때에 형성된다.

심리적 계약이 파기되면계약을 위반하면 조직 몰입 저하, 성과 감소, 조직에 대한 불신감 및 이직률 증가 등 심각한 부작용이 발생한다. 기업이 지속적으로 성장하기 위해서는 조직과 구성원 간에 상호 의무와 기대를 저버리지 않을 것이라는 신뢰가 형성되어 있어야 하며, '심리적 계약'을 강화하기 위한 노력이 필요하다. 이 중에서도 특히 리더의 일관성 있는 관심 표명과 인사 정책 그리고 제도를 통한 지속적 실행이 중요하다. 심리적 계약은 이처럼 경영 철학, 기업의 핵심가치와 긴밀히 연결될 때 극대화된다.

개인 차원이든, 회사 차원이든 바람직한 역할 모델이 되는 것은 조직을 지속적으로 유지하는 데에 있어 매우 중요하다. 앞서 언급한 내용을 바탕으로 바람직한 역할 모델이 되기 위한 팁을 정리해보자.

첫째, 가장 먼저 팀원들이 리더에게 바라는 것이 무엇인지를 파악하는 것이 중요하다. 존경받는 리더의 특성은 정직, 신뢰, 선견지명, 영감 부여, 역량으로 요약할 수 있다. 이 중에서 정직과 신뢰는 가장 중요한 가치에 속한다.

정직한 리더가 되기 위해서는 모르는 것을 모른다고 말해야 하고, 다른 사람을 인정하는 태도를 견지해야 하며, 남의 흉을 보지 말아야 하고, 공과 사를 엄격히 구분할 줄 알아야 한다. 또한 신뢰받는 리더가 되기 위해서는 앞에서 언급한 신뢰의 방정식을 항상 염두에 두고 평소 이를 실천하는 데 소홀함이 없어야 한다. 신뢰를 구축하기 위해서는 조직원들에게 역량을 인정받고, 조직원 간의 커뮤니케이션에 관심을 기울이며, 조직원을 관심과 배려를 바탕으로 육성하고, 조직원을 객관적이고 합리적인 기준으로 대하며, 항상 약속을 지키는 모습을 보여주어야한다.

둘째, 조직과 구성원 간의 상호 의무에 대한 기대와 믿음을 저버리지 않아야 한다. 상호간에 맺은 심리적 계약이 누군가로 인해 깨어지면 조직 내에 심각한 부작용이 발생한다는 것을 명심하고 계약을 이행하기 위해 부단히 노력해야 한다. 리더는 조직원의 충성심을 이끌어 내기 위해 즐겁게 일할 수 있는 풍토를 조성하고, 일과 생활의 조화를 중요시하며, 직원의 경력 개발을 지원하고, 조직원들이 항상 최고의 리더와 함께 일한다는 자부심pride in top을 느끼도록 해야 한다.

▶ 리 더 십   비 타 민 ◀

열악한 생존환경에서 빛나는
늑대의 리더십

사람들은 대부분 늑대를 탐욕과 시기의 이미지가 떠오르는 나쁜 동물로 생각한다. 하지만 실제로는 배워야 할 점이 많은 동물이다.

수일 동안 아무것도 먹지 못한 늑대들이 사냥감을 찾아 질주한다. 마침내 늑대 한 마리가 사냥감을 덮친다. 다른 늑대들도 그 뒤를 뒤따른다. 사냥한 먹이의 분배가 시작된다. 가장 힘센 늑대, 즉 사냥에 성공한 늑대가 먼저 먹고 나서 다음으로 강한 녀석, 그리고 힘이 약한 늑대들의 순서로 나누어 먹는다. 늑대들은 좀처럼 서로 싸우지 않는다. 어쩌다 다툼이 일어나더라도 약한 녀석이 먼저 꼬리를 내리고 한쪽으로 비켜난다. 그들의 투쟁 목표는 내부 전쟁이 아닌 사냥감에 집중하여 목표를 달성하는 것뿐이다.

늑대들의 생존환경은 매우 열악하다. 겨울철에는 더욱 심하다. 그들의 먹잇감 분배방식은 냉혹한 것처럼 보이지만 이에는 나름대로의 이유가 있다. 만일 사냥감을 잡을 수

있는 빠르고 튼튼한 늑대가 제대로 먹지 못한다면 결국 전체 수확이 줄어 늑대 무리 모두가 위기를 맞이할 수도 있기 때문이다. 그래서 그들은 무리를 지어 다닌다.

또한 늑대는 우두머리 늑대를 중심으로 뭉치고, 가족을 지키기 위해 목숨까지 바치는 유일한 포유류다. 늑대는 가장 약한 상대가 아닌 가장 강한 상대를 겨냥한다.

약육강식과 적자생존의 처절한 경쟁시대에 늑대들의 생존방식은 우리들에게 많은 것을 시사한다. 남자를 종종 '늑대 같다'라고 하는 것은 비난이 아니라 진정한 리더십에 대한 존경의 표시라고 재해석해야 하지 않을까?

감사監査를 받을 수 있다는
자세로 일하라

예전에 같은 직장에서 근무하던 K는 늘 솔직하고 정직하며 표정이 밝고, 명랑하여 선배와 동료 후배에게 인기가 있었다. 그러던 K가 20여 년간 몸담았던 직장을 그만두었다. 주요 경험 직종이 서비스업이라 그런지 얼마 지나지 않아 다른 대기업에 재취업했다는 소식을 들었다. K는 임원의 직책을 수행하면서 이미 경험한 선진 노하우를 바탕으로 서비스 부문의 혁신을 전개해 나갔다. 처음 생긴 서비스 혁신부서라 다른 부서에서 파견을 나온 사람들과 팀을 만들어 의욕적으로 과제를 해결해 나가기 시작했다. 각종 보고서는 타 부분 동종업계와의 격차를 제시하고 혁신이 필요하다는 내용이 주를 이루었는데, CEO의 의지와 맞물려 탄력을 받는 듯했다.

그러던 어느 날 그 회사로 전직한 지 1년 쯤 되던 시기에 K에게 만나고 싶다는 전화가 왔다. 만나서 이야기를 들어보니 회사를 그만두었다는 것이다. 정확히 말하면 감사에 걸려 해직당한 것이다. 왜 해직을 당했는지 물어보니 누군가 감사팀에 임원이 부서의 팀원에게 개인적인 일을 시켰다는 내용이 담긴 투서를 했기 때문이라고 했다.

사정을 알고 보니, 여러 서비스 현장을 돌아다녀야 하는 업무의 특성상 일정한 곳에 주차하기가 힘든 상황에서 언젠가 회의를 마친 후 한 팀원이 K의 차량을 회사 본사로 가져다 놓고, 가는 길에 세차도 해 놓겠다고 해서 별다른 생각 없이 허락한 일, 대학에서 박사 과정 공부를 하고 있던 K가 학교 과제를 위해 이미 박사 학위를 취득한 팀원에게 통계 처리 방법을 상의한 일, 그리고 K가 평소 자신이 다니던 교회에서 서비스 마인드에 대한 교육을 담당할 기회가 있었는데, 마침 같은 팀에 근무하던 팀원이 도와주겠다고 하여 이를 허락한 일 등이 와전되어 임원이 직원에게 개인적인 일을 시켰다는 오해를 불러일으킨 것이었다.

K는 당시의 정황을 모두 설명했지만, 결국 사직서를 낼 수밖에 없었다. 필자가 듣기에도 이러한 일로 사표를 내야 한다면 억울할 것 같았다. 일부 사내 직원들의 모함일 수도 있고, 감사팀의 무리한 압박일 수도 있기 때문이다.

그러나 문제는 일단 감사가 시작되면 동기와 정황 설명도 중요하지만, 했는지 안했는지의 사실fact여부가 중요한 분수령이 된다는 것이다. 즉 승용차를 본사까지 가져다 두고, 세차까지 하도록 했느냐 안 했느냐, 개인 과제물로 인해 팀원의 업무 시간을 소비했느냐 안 했느냐, 팀원이 원했든 원치 않았든 사적인 일에 직원을 동원했느냐 안 했느냐가 중요하다. 리더는 늘 감사를 받을 수 있다는 당당한 자세로 일해야 한다.

긍정성과 진정성이
조직 몰입을 이끈다

·

인간이 가진 본성 중 가장 깊은 자극은
중요한 사람이라고 느끼고 싶은 욕망이다

| 존 듀이 John Dewey |

물이 반쯤 담겨 있는 컵을 보고 어떤 사람은 물이 반이나 찼다고 말하고, 어떤 사람은 반이나 비었다고 말하기도 한다. 당신은 어떤 유형의 사람인가? 이러한 질문이 성공과 무슨 상관이 있는지 의문을 가질지 모르지만 실제로 어떤 유형인지에 따라 당신이 목표 지점까지 오르는 길이 순탄한지 아닌지를 가늠할 수 있다.

인간이 냉담하고 부정적인 기분을 갖게 되면 전투적인 사고를 하게 된다. 즉, 부정적인 기분이 들 때에는 잘못된 것을 찾아 제거하는 일에만 온통 신경을 집중한다. 한편 긍정적인 기분을 갖게 되면 창의적이고, 건설적이며, 남을 배려하는 융통성 있는 사고를 하게 된다. 따라서 자연스럽게 잘못된 것을 찾기보다는 올바른 것을 발견하는 데 초점을 맞춘다. 자신의 결점을 찾거나 방어적인 자세를 취하기보다 미덕을 계발하고 베푸는 일에 힘써야 한다는 말은 바로 이러한 점에서 설득력을 가진다.

긍정 심리학

최근 들어 긍정 심리학이라는 학문이 주목을 받고 있다. 마틴 셀리그만Martin E. P. Seligman은 그의 저서인 『긍정 심리학』에서 인간이 행복하기 위한 요소 중 긍정의 중요성에 대해 언급했다. 셀리그만은 1969년 여자 졸업생 141명의 졸업 사진을 이용하여 인간의 긍정적인 태도와 행복이 어떠한 관련이 있는지에 대해 조사했다. 그는 이 졸업생들이 27살, 43살, 52살이 되는 시점에서 이들을 만나 생활 만족도를 조사했는데, 놀랍게도 졸업 사진을 찍을 때 환한 미소를 띠고 있던 사람은 30년이 지난 후에도 여전히 행복한 삶을 살고 있다는 것을 알게 되었다. 셀리그만의 이 연구는 인간의 긍정적인 태도는 행복과 밀접하게 관련되어 있다는 사실을 일깨워준다. 결과적으로 행복과 성공이 사람을 긍정적으로 변화시키는 것이 아니라 긍정적인 태도가 행복과 성공을 만들어주는 것이다.

그의 연구에서도 알 수 있듯이 조직원의 긍정성은 조직의 지속과 발전에 지대한 영향을 끼친다. 직속 상사나 리더의 평상시 표정이 어둡거나 사고가 긍정적이지 않으면 구성원들에게 부정적인 정서를 전달하고, 이는 조직의 성과에도 좋지 않은 영향을 끼친다.

사실 회사 내에서 비관적인 성향의 직원이 긍정적인 성향의 직원보다 덜 인정받는 게 현실이다. 회사는 직원의 비관적인 성향이 회사에서 성공하는 데 걸림돌이 될 수 있다는 것을 직접적으로 말하지 않는다. 민주주의 국가에서 어떤 태도로 근무하는지는 각자의 권리이기 때문이다. 하지만 긍정적인 사고로 다른 사람에게 성공의 이미지를 전달하는 사람을 승진시키는 것은 회사의 권리다.

경영자는 긍정적인 사람들이 성공을 이끌어 내고 조직의 근무 의욕을 고취한다고 생각하며, 회사를 이러한 사람들에게 일을 맡기면 원하는 목표에 도달할 수 있을 것이라고 기대한다. 반면에 비관주의자들에게 회사를 맡기면 현재 상태에서 조금도 나아지지 않을 것이라고 생각한다. 긍정주의자들은 주변 상황을 좀 더 긍정적으로 바라보고 가능성을 찾으려고 하기 때문에 비관주의자들보다 성공에 이르는 길에 근접해 있다.

상황의 부정적인 면보다 긍정적인 면을 보려고 노력하면 어떤 문제이든 덜 위협적으로 느껴진다. 긍정적인 태도는 문제의 심각성에 압도되는 대신 창의적으로 해결할 수 있는 방법을 이끌어 낸다. 당신이 직원들에게 할 수 있다는 믿음을 주면, 정말로 할 수 있게 된다. 이것이야말로 리더가 지녀야 할 가장 중요한 자질이다.

리더의 밝은 표정도 중요하지만 언행 역시 중요하다. 말이 씨가 되는 경우가 많기 때문이다. 우스갯소리로 "전쟁 중에 총 맞고 죽은 사람보다 말로 충격받고 죽은 사람이 더 많다"라는 말이 있을 정도로 언행은 매우 중요하다.

리더의 긍정성

회사는 선택할 수 있지만 상사는 선택할 수 없다. 신뢰와 존경을 갖춘 리더를 만난 직원과 이와 반대인 리더를 만난 직원이 있다고 가정해 보자. 전자는 당연히 조직 몰입도가 높고, 행복감을 느낄 것이며, 후자는 이와 반대일 것이다.

이와 같은 측면에서 보면 리더는 조직과 관련되어 있는 사람들의 생사여탈권을 쥐고 있는 사람이라고 할 수 있다. 그 이유는 리더의 이와 같은 태도가 구성원뿐만 아니라 구성원의 가족, 심지어 고객에 이르기까지 영향을 끼칠 수 있기 때문이다. 더 나아가 리더가 부정적이고, 급하며, 매사 비판적이면 회사의 전체 수명이 줄어들 수도 있다는 사실을 명심해야 한다.

미국 미네소타 로체스터 메이요Marriott Rochester Mayo 병원에서 실시한 긍정론자·낙관론자의 수명에 관한 실험은 긍정과 낙관이 우리의 삶에 어떠한 영향을 끼치는지에 대해 많은 것을 시사한다. 이 병원에서는 40 년 동안 진료를 받아 온 환자 839명을 대상으로 '낙관론이 인간의 수명을 예측하게 할 수 있는가?'라는 주제로 실험을 했다. 실험 결과 낙관론 자가 비관론자보다 19% 더 오래 산다는 결론을 얻었다.

긍정의 마인드는 단순히 조직의 수명뿐만 아니라 인간의 수명에도 지대한 영향을 끼친다. 시카고 대학의 존 카시오포John T. Cacioppo 교수는 부정적 감정은 인간의 생존 본능에 직접적으로 연결되어 있어 감정을 더 쉽게 표출하고, 모든 상황을 다른 사람들보다 더 민감하게 받아들이 기 때문에 긍정적인 감정보다 부정적인 감정이 더 전염성이 높다고 설 명한다.

인간은 합리적 동물이 아니라 합리화하는 동물이다. 그래서 리더는 위로 올라갈수록 긍정적 합리화를 해야 한다. 선택적 인지를 통해 좋은 결과를 얻고 싶으면 리더가 먼저 긍정적 스토리를 써야 한다. 팀원들을 격려하는 것은 그리 어려운 일이 아니다. "자네를 믿네", "화이팅", "기 대가 크네"와 같은 신뢰의 한 마디터치 포인트touch points가 팀원들을 고무 시킬 수 있다.

진정성 리더십

진정성authenticity이라는 단어는 '너 자신 그대로to thine own self be true'를 의미한다. 이는 진정한 자아를 인식하고 가식 없이 타인과의 관계를 형성해 나가는 것을 중시하는 철학적 사고에서 비롯되었다. '자기 자신에게 진실한 것true to self으로서 그 기준이 자기에게 있는 것'이 바로 진정성의 핵심이다.

그렇다면 진정성은 왜 중요할까? 진정성은 '리더십의 홍수' 속에서 혼란을 겪고 있는 리더들에게 하나의 나침반으로 작용하면서 다른 리더십 스타일의 바탕을 제공하고 있기 때문이다. 기업 내 상호 의존성이 높아지고 있는 상황에서 리더들이 조직 또는 팀원들에게 자신의 개인적 목적을 달성하기 위해 자신의 생각을 숨기게 되면 이는 결국 조직에 악영향을 끼치게 된다.

리더는 팀원의 긍정적 자아 발달을 촉진하여 자기인식self awareness이 얼마나 중요한지를 깨달을 수 있도록 해야 하며, 직원들은 이러한 자기인식을 통해 스스로 판단하고 결정할 수 있는 자기조절self regulation 능력을 길러야 한다.

리더는 성과창출에 기여하는 것을 넘어, 조직의 성패에 대한 책임을 지고, 조직을 대표하는 상징적 역할을 수행해야 한다. 이를 위해서는 자신과 주변의 사람들의 가치 및 도덕적 관점, 지식, 강점에 대한 인식이 반드시 필요하다.

진정성을 갖춘 리더로 인정받는 사람들은 공통적으로 높은 조직 성과를 창출한다. 진정성을 갖춘 리더의 특징은 다음과 같다.

- 목적 혹은 방향에 대한 분명한 인식을 가지고 있다.
- 확고한 가치관을 행동으로 실천한다.
- 팔로워의 손과 발뿐만 아니라 그들의 마음을 움직인다.
- 지속적으로 대인 관계를 구축한다.
- 조직을 자기훈련의 시험장으로 본다.

이와 같이 진성의 리더십이란 리더가 진정성이 있는지에 관련된 개념이다. 리더가 진정성이 있는지를 알기 위해서는 다음과 같은 질문에 명확한 답을 할 수 있어야 한다.

- 나는 누구인가? 팀장은 무엇을 하는 사람인가? : 리더의 자기인식
- 회사의 핵심가치, 리더의 핵심가치, 리더의 삶의 가치는 무엇인가?
  : 리더의 핵심가치
- 상사를 만나거나, 팀원을 만나거나, 고객을 만날 때 항상 겸손한가? : 관계적 투명성
- 정보를 판단할 때 적용하는 원칙이 존재하는가? : 균형잡힌 프로세싱

이와 같은 요소들을 일관성 있게 지켜 나가면 팀원들은 리더의 진정성을 인정하게 된다. 리더가 긍정적인 생각을 갖고, 긍정적 합리화를 하

며, 진정성을 갖게 되면 조직 구성원들이 리더를 믿고 따르게 되며 정서적 몰입도가 높아지고, 헌신을 이끌어 낼 수 있다. 직원들은 자신이 존중받고 있다는 생각이 들지 않을 때 마음이 조직을 떠나거나 이직을 생각한다. 따라서 자신이 존경 받고 싶은 만큼 팀원들을 존중하는 것은 매우 중요하다.

평소 진성 리더십을 갖추려고 노력하는 한편, 구성원들 간의 신뢰 관계를 만들어가는 데에 열정을 가지면 조직원의 헌신을 이끌어 내게 되고 이는 조직의 성과 달성에 기여하게 된다는 사실을 명심하자.

긍정의 메신저

리더는 팀원들의 고충을 공감하고 배려하는 리더십을 발휘해 조직과 구성원이 함께 성장하는 기반을 구축하는 사람이다. 기업 경영은 조직의 성과를 위해 반드시 팀원의 희생이 뒤따라야 하는 제로섬 게임이 아니다. 따라서 리더 혼자만 팀원들의 감정을 이해하고 공감하는 것이 아니라 팀원 간에도 서로 관심을 보이고, 배려하도록 독려해야 한다. 이를 통해 팀원들은 서로 우호적인 관계를 맺고 상호 협력할 수 있게 된다.

이러한 측면에서 볼 때 리더가 스스로 진정성을 가지고 긍정의 메신저가 되는 것은 매우 중요하다. 이때에는 '보여주기식' 또는 '구색을 갖추기 위한 활동'이 아니라 팀원들을 진심으로 존중하고 배려하는 진정성이 드러나야 한다. 리더가 앞장서서 긍정의 에너지를 발산해야 팀원

▲ 팀원들과의 관계 강화 4단계   (삼성경제연구소, 「긍정에너지를 끌어내는 힘, 감성리더십」, 2010)

들도 긍정적이고 우호적인 관계를 맺을 수 있다. 긍정의 메신저가 되기 위해서는 순차적으로 팀원들과의 관계를 강화하는 단계적 접근이 필요하다.

이를 좀 더 자세히 살펴보면 다음과 같다.

1단계는 자기 통제의 단계다. 이 단계에서는 리더 자신의 감정을 알고 이를 조절하는 스킬이 필요하다. 따라서 리더의 감정 표현이 팀 전체에 끼치는 영향을 명확히 인지하고 파괴적인 감정을 스스로 통제1:0의 관계하도록 노력해야 한다. 리더 스스로가 자신의 감정 상태를 정확하게 알고 통제하는 것이 긍정적 리더십 발휘의 전제 조건이기 때문이다. 리더가 자신의 감정을 명확히 인식하는 것은 단순히 개인적인 문제가 아니라 조직의 성패를 좌우할 정도로 중요한 문제다. 따라서 리더는 파괴적인 감정 표현으로 말미암아 조직에 악영향을 끼치지 않도록 항상 주의를 기울여야 한다.

2단계는 팀 내 신뢰 구축 단계다. 이 단계에서는 팀원에게 진심에서 우러나는 신뢰와 존중을 표명하는 스킬이 필요하다. 따라서 조직 전반에 걸쳐 탄탄한 신뢰를 구축함으로써 긍정적인 집단 감정의 기반을 마련1:多의 관계하도록 노력해야 한다. 직원들을 진심으로 존중하고 대우하는 진정성을 표현한다면 모든 조직 구성원과 신뢰 관계를 구축할 수 있다. 신뢰는 하루아침에 만들어지는 것이 아니므로 일관되고 꾸준한 노력이 요구된다. 따라서 신뢰 관계를 바탕으로 조직과 직원이 함께 성장하는 선순환 구조를 구축할 필요가 있다.

3단계는 개별적 관심과 배려 단계다. 이 단계에서는 맞춤형 배려로 팀원에게 감동을 선물하는 스킬이 필요하다. 따라서 신뢰 기반이 형성된 후에야 비로소 팀원들에 대한 개별적 관심과 배려가 진가를 발휘1:1의 관계할 수 있도록 노력해야 한다. 또한 직원 개개인의 상황에 따라 일상적이지 않은 맞춤형 배려를 제공하는 일과 개인적인 칭찬과 격려로 팀원들의 업무 열정을 고양하는 노력이 필요하다.

4단계는 긍정적 집단 감성 형성 단계다. 이 단계에서는 팀원 간 우호적 관계를 구축하는 스킬이 필요하다. 따라서 리더와 팀원 간의 개별 관계를 넘어 팀원 상호 간 긍정적이고 협조적인 관계를 구축多:多의 관계하도록 노력해야 한다. 직원 간에 우호적인 관계를 맺도록 긍정적인 조직 분위기를 조성하고 리더 혼자만 직원들의 감성을 이해하고 공감하는 것이 아니라 팀원 상호간에도 관심을 기울이고 배려할 수 있도록 독려하는 일이 중요하다.

감사와 나눔의 중요성

감사를 뜻하는 영어 단어인 'gratitude'는 호의를 뜻하는 라틴어 'gratia'와 기쁘게 함을 뜻하는 라틴어 'gratus'에서 유래하였다. 직장 내에서의 감사는 현재 자신의 위치에서 무엇인가 좋은 것을 인식하고 인정하며 마음으로 느끼는 것을 말한다. 그렇다면 조직 내 감사 나눔은 왜 중요할까?

감사는 자신이 가진 것에 관심을 집중하도록 유도함으로써 무기력감에서 헤어나게 만드는 역할을 한다. 따라서 이는 어떤 동기를 불러일으켜 자신과 상대를 진정 원하는 것으로 끌어들인다.

직장에 매일 출근하면서 자신의 일이 인생의 목표 달성과 내면의 가치에 따른 삶을 영위하는 데 있어 어떤 식으로 조력하고 있는지를 알지 못한다면, 자신의 직업에 대해 감사하는 마음을 갖기가 힘들다. 이와 반대로 직장 내 모든 단점을 상쇄시킬 만큼의 장점을 인식하고 그것이 개인과 조직의 성공 목표를 달성하는 데 어떤 도움을 주는지를 알게 되면 감사의 마음으로 가득 차게 되고 자신이 하는 일을 사랑하게 된다. 감사와 나눔의 특징은 다음과 같다.

- 자신뿐만 아니라 회사의 가치를 높여주는 열쇠다.
- 비즈니스에 있어 기업의 생존 키워드다.
- 리더에게 균형 있는 시각을 갖게 한다.
- 팀원으로서 자부심을 갖게 한다.

- 팀원 간 대화를 풍부하게 하여 문제 해결에 도움을 준다.
- 팀원 간의 협력을 촉진한다.

앞서 살펴본 내용을 바탕으로 긍정성과 진정성을 갖춘 리더가 되는 팁을 정리해보자.

첫째, 리더는 팀 관계를 강화할 수 있는 긍정의 메신저가 되어야 한다. 리더는 팀원들의 고충을 이해하고 배려하는 리더십을 발휘해야 할 뿐만 아니라 팀원들 간의 관심과 배려도 독려해야 한다. 리더가 조직과 구성원이 상생하는 기반을 구축하는 데 기여하기 위해서는 스스로 진정성을 가지고 긍정의 메신저가 되어야 한다. 그리고 하나둘씩 기반을 다지면서 순차적으로 팀원들과의 관계를 강화해 나가야 한다.

둘째, 감사와 나눔을 통해 성공 기회를 높여야 한다. 직장 내에서의 감사는 현재 자신의 위치에서 무엇인가 좋은 것을 인식하고 인정하며 마음으로 느끼는 것을 말한다. 이는 팀원 간 직장 생활 만족도를 높이는 것과 밀접한 관계가 있다.

이에는 리더 자신이 진정성을 가지고 실천하려는 의지가 중요하다. 감사 나눔의 지속적인 발전을 위해 가장 중요한 것은 리더의 지속적이고 일관된 방침과 솔선수범 그리고 격려. 조직 내에서 성공의 불씨를 발견하고, 칭찬과 격려를 통해 불씨가 살아나도록 하는 것이 바로 리더가 할 일이기 때문이다.

시각을 바꾸면
상사도 최고의 파트너가 될 수 있다

얼마 전 리더십개발 프로젝트를 추진하기 위해 ○○공사公社를 방문했다. 경영진과의 상견례를 마친 후, 한 임원으로부터 CEO의 특성과 업무 추진 스타일에 관한 이야기를 전해 들었다.

이 CEO는 초기부터 좀 유별났다고 한다. 스마트폰을 활용하여 업무 변화를 주도하는 한편, 해외 출장에서 귀국하자마자 공사 사무실로 직행하여 출장 기간 동안 밀린 업무를 처리하는 등 3년의 정해진 임기 동안 성과를 남기려면 시간이 부족하다면서 매순간 최선을 다해 경영활동에 임했다.

필자에게 이야기를 전해준 그 임원은 이렇듯 경영에 미쳐 있는 CEO가 처음에는 이해도 안 되고 갈등도 많았다고 한다. 공사의 CEO와 임원의 임기는 비교적 짧을 뿐만 아니라 연임되는 경우도 극히 드물어 열심히 해도 그만, 안 해도 그만인 상황이었기 때문이다.

하지만 이 임원은 어느 날 직장 후배들을 위해 무엇인가 남겨놓고 떠나야겠다는 생각이 들었고, 그 날 이후 CEO를 긍정적으로 바라보게 되면서 생각이 바뀌었다고 한다. CEO가 추진하고 있는 리더십개발의 중요성을 인식하고 이를 위한 프로젝트를 진행하는 것은 바로 이 때문이었다. 임원의 설명을 듣고 필자는 CEO와 임원 두 분 모두 멋진 리더라는 생각이 들었다.

상사와 팀원과의 관계에 있어서 팔로워십의 유형은 대개 무능형, 소외형, 순응형, 실무형, 모범형으로 나뉜다. 리더 혼자 성과를 창출하는 것은 불가능하다. 존경과 신뢰 받는 상사와 파트너십을 갖춘 모범적 팔로워가 함께 있을 때 조직은 르네상스를 맞이하게 된다. 지시가 있어야만 움직이는 무능형, 총론 찬성 각론 반대의 소외형, 시키는 것만 챙기는 순응형, 질책을 받지 않을 정도만 업무를 처리하는 실무형이 아니라 리더가 믿고 맡길 수 있으며, 일에 독립성을 가지고 추진해 나가는 실천적 모범형이 필요한 시점이다. 상사를 바라보는 시각을 조금만 바꾸고, 모든 업무를 긍정적으로 받아들여보자. 그 순간 당신은 모든 리더들이 기대하는 모범적 팔로워가 된다. 다시 말해 진정한 파트너가 되는 것이다. 리더십과 팔로워십은 동전의 양면이다. 상사를 잘 모시는 팔로워가 리더십도 잘 발휘한다. 당신은 지금 상사를 어떤 시각으로 바라보고 있는가?

자매식당에 보낸
감사 편지

대학에서 생활하다 보니 학교 근처 맛집을 찾는 경우가 종종 있다. 대학 후문 근처에는 필자가 자주 가는 조그마한 가정집 식당인 '자매식당'이 있다. 그 식당은 된장찌개, 김치찌개 그리고 동태찌개가 일품이다. 더욱이 밑반찬도 많고 맛도 좋다. 이 중 어묵 반찬은 식당을 갈 때마다 맛있게 먹는 기호식품이 되었다. 언제부터인가 메뉴에 적혀 있는 순서대로 하나씩 먹어보며 그 음식 맛을 즐기곤 한다.

필자는 자매식당의 8년 단골손님이다. 식당에 들어갈 때마다 식당에서 일하는 분들과 인사를 나눈다. 시어머니부터 며느리까지 가족이 운영하는 식당인데, 식사를 마치고 나올 때는 주방에 들어가 맛있게 잘 먹고 간다는 인사를 꼭 건넨다. 이러다보니 자매식당에서 일하는 사람들과 가까워지게 되었다. 일을 마치고 귀가하면 아내가 식사는 어디서 했느냐고 묻는데, 그럴 때마다 자매식당이라고 대답하니, 도대체 자매가 누구이기에 매일 그곳에서 식사를 하느냐고 의심의 눈초리로 바라보기도 한다. 그러나 그 식당의 자매는 70세가 넘은 할머니다. 그 분의 손맛이 좋아 단골이 된 것이다. 내가 정년이 될 때까지는 영업을 꼭 해야 하니 건강하시라고 그 할머니에게 덕담을 하곤 했다.

지난 몇 년 동안은 여름철에는 수박 한 덩어리, 겨울철에는 귤 한 상자를 선물로 드리면서 감사 표현을 하곤 했다. 그때마다 자매님은 무척 기뻐하곤 했다. 그래서 그런지 내 식사에는 항상 두부나 동치미 등 특별 서비스가 뒤따르곤 해서 같이 간 동료들이 어부지리로 호강(?)을 한 적도 많다.

그런데 안타까운 일이 생겼다. 봄부터 자매식당이 당분간 영업을 하지 않는다는 것이다. 더욱이 여름철에나 영업을 할 수 있을지 모른다고도 했다. 걱정이 되어 자매식당을 직접 찾아갔지만 문은 잠겨 있었다. 전화를 걸어 그 이유를 물어보니 할머니가 갑상선암 판정을 받아 수술을 해야 한다는 것이다. 마음이 많이 아팠다. 참으로 정이 넘치는 분이었는데…… 그날 이후 필자는 어떻게 하면 그 할머니의 건강이 빨리 회복될 수 있을지를 고민했다.

그러던 중 필자가 근무하는 리더십센터 연구원들과 함께 자매식당과 할머니에게 고마운 점 50가지를 편지에 적었다. 편지에는 "한양대 근처의 최고 맛집이라 감사한다, 반찬이 최고라 감사한다, 할머니의 정이 넘쳐 감사한다" 등 재미도 있고 가슴이 뭉클한 내용도 포함되어 있었다. 이 편지를 곱게 접어 봉투에 넣고, 암 수술 후 따뜻하게 지내시라고 담요를 준비했다. 드디어 자매식당이 다시 영업을 재개한다는 현수막이 붙었다는 소식이 들려왔다. 그 첫날을 벼르고 별러 리더십센터 연구원 5명과 함께 식당을 찾았다. 모자를 쓰고 반갑게 맞아주시는 할머니에게 감사 편지와 선물을 드렸다. 편지 내용을 읽던 할머니는 눈물을 하염없이 흘리며 감사하다고, 자신이 건강해야 하는 이유를 발견했다고 하면서 오늘은 다시 영업하는 첫날이니 음식 값을 받지 않겠다고 했다. 음식 값을 안 받으실 줄 알았다면 25명의 리더십센터 연구원을 모두

데리고 올 것을 그랬다는 농담을 주고받으면서 반가운 정을 나누었다. 진심으로 감사하는 마음은 아픈 사람을 일으켜 세우는 힘이 있다는 것을 체험으로 느끼는 순간이었다. 가족에게, 팀원에게, 회사에게 감사하는 마음을 적어보자. 그들이 얼마나 사랑스러운 대상인지 알게 되면 새로운 세상이 열리게 될 것이다. 리더십은 사랑이다.

08

리더의 시간은
중요한 경영자원이다

·

탁월함은 훈련과 습관이 만들어 낸 작품이다.
탁월한 사람이라서 올바르게 행동하는 것이 아니라,
올바르게 행동하기 때문에 탁월한 사람이 되는 것이다.
자신의 모습은 습관이 만든다.

| 아리스토텔레스 Aristoteles |

직장인들은 대부분 많은 시간을 엉뚱한 데 쓰고 있기 때문에 하루에 3시간 이상 일에 집중하지 못한다는 조사 결과가 있다. 이는 일을 관리하는 일보다 시간을 관리하는 일이 더 중요하다는 것을 시사한다. 무슨 일부터 해야 하는지보다 시간을 어떻게 보내야 하는지를 먼저 생각해야 한다. 여기서 '시간을 어떻게 보내야 하는지'에 해당하는 개념이 바로 '시간관리'다.

시간관리란, 자기 자신과 자기의 생활을 관리하는 데 주어진 시간을 극대화하여 의미 있게 사용하는 것을 말한다. 다시 말해서 자신이 세운 목표를 달성하기 위해 일상생활에서 유용한 업무 처리 기법을 철저하게 적용하는 일을 의미한다. 이를 좀 더 넓은 의미에서 생각해보면 '다른 사람이 아닌 나 자신의 문제에 정면으로 맞선다는 것'을 의미하기도 한다. 따라서 시간관리를 하려면 내 몸에 밴 오랜 습관들을 없애거나 변화시켜야 한다는 전제 조건이 필요하다.

성공한 사람들은 시간을 의식적으로 사용하고 체계적으로 이용한다는 공통점이 있다. 업무를 수행하는 데 있어서 '시간'이라는 요소는 늘릴 수 없고, 저장할 수도 없다. 따라서 성공하려면 시간을 철저하게 관리하지 않으면 안 된다. 결국 성공하는 리더가 되기 위해서는 자신에게 주어진 시간을 잘 활용할 줄 알아야 한다. 시간을 어떻게 쓰느냐는 성과와 직결될 뿐만 아니라 변화에 대응하는 관건이 된다.

성공한 사람들의 시간관리

다음은 시간관리의 장점이다.

첫째, 시간을 낭비하지 않고 업무를 처리할 수 있다.
둘째, 일에 대한 계획을 세우거나 준비를 하기 쉽다.
셋째, 업무와 업적에 대한 압박감, 업무상의 실수를 줄일 수 있다.

긴급한 일 vs. 중요한 일

시간관리에서 필요한 것은 일의 우선순위를 정하는 것이다. 한정된 시간 안에서 어떤 일을 우선적으로 처리할 것인지를 결정하는 것은 리더의 능력면에서 중요한 문제다.

다음 그림은 일의 중요성과 긴급성을 4개의 사분면에 나타낸 것이다. 다음 그림을 보면 A사분면은 긴급하고 중요한 일, B사분면은 긴급하지 않지만 중요한 일, C사분면은 긴급하지만 중요하지 않은 일, D사분면은 긴급하지도 않고 중요하지도 않은 일을 나타낸다. 여기서 긴급한 일이란 즉각적인 행동이 필요하고 전체 업무에 영향을 끼치기 때문에 지금 당장 해야 하는 일을 말하며, 중요한 일이란 개인의 사명, 가치관 그리고 우선순위가 높은 목표에 기여하는 일을 말한다. 다음 그림을

구분	긴급함	긴급하지 않음
중요함	• 긴급한 문제 • 기한이 정해져 있는 보고서 • 기간이 정해진 프로젝트 추진 • 위기, 응급 사태 A	B • 중장기 계획(비전, 꿈 등) • 리더십, 인맥관리, 인간관계 구축 • 새로운 사업 기회 발굴, 팀원육성 • 계획, 목표 설정 • 독서, 여행, 운동, 휴식
중요하지 않음	• 중요하지 않은 전화 C • 쓸데없는 참견 • 다른 사람의 사소한 문제 • 주변 사람들의 눈치 • 일부 회의나 보고서	D • TV 보기 • IT 통신 기기에 지나치게 의존 • 밤새도록 컴퓨터하기(영화 등) • 시간 낭비, 하찮은 일

▲ 시간관리 매트리스

참고하여 우리가 한정된 시간 속에서 어떤 일을 우선적으로 처리하는 것이 효율적인지 생각해보자.

시간관리의 우선 원칙은 긴급한 일보다는 중요한 일을 먼저 처리해야 한다는 것이다. 따라서 리더의 시간관리는 A사분면에서 B사분면으로 이동해야 한다. 다시 말해 리더는 긴급하지는 않지만 중요한 일을 찾아내야 한다. 예를 들면 직장에서 비전을 세우는 것, 미션을 세우는 것, 리더와 인재를 양성하는 것, 핵심가치를 갖는 것이 이에 해당한다.

GE의 CEO들은 정기적으로 한 번씩 인재 양성을 가장 잘하고 있다는 평가를 받는 뉴욕 주 오시닝 시에 위치한 크로톤빌 연수원을 찾을 정도로 인재개발에 많은 신경을 쓴다. 잭 웰치가 이처럼 인재 양성에 많은 시간을 투자하는 이유는 기업이 발전하기 위해서는 긴급한 일보다 중요한 일들이 우선시해야 한다는 것을 누구보다 잘 알고 있기 때문이다.

① 당신의 비전 및 사명과 연계시켜라

② 당신의 역할들을 검토하라

③ 각 역할에서 B사분면의 활동 목표들을 선정하라

④ 주간 계획 수립의 기준 틀을 만들어라

⑤ 선택의 순간에 성실성을 발휘하라

⑥ 평가하라

▲ 6단계 프로세스의 주간계획표(B사분면)

다음은 중요한 것을 먼저 하는 데에 있어서 거쳐야 하는 단계를 나타 낸 것이다. 각 단계를 유기적으로 연결하면 달성하고자 하는 목표에 좀 더 가깝게 다가갈 수 있다.

10-10-10 법칙

10-10-10 법칙이란 10분 뒤, 10개월 뒤, 10년 뒤를 생각하며 결정하 라는 말이다. 리더의 눈은 항상 먼 곳을 바라보아야 하고, 망원경적 사 고를 해야 하며, 조직의 나침반과 같은 역할을 해야 한다. 여기서 망원 경적 사고와 나침반의 역할이란 리더는 항상 연간 주요 일정-전략회의, 출장, 교육, 휴가 등-을 공지해야 하고, 조직원들에게 연간 동선을 알려 주어야 하며, 조직원들의 월간, 주간, 일일 일정을 관리해야 한다는 것 을 의미한다.

글로벌 기업에서의 연간 계획표는 일반적으로 10월경에 전 사원에게 공지된다. 가장 먼저 기업 차원의 목표와 일정이 정해진 후 아래 체계로 내려가면서 세부 일정이 추가된다. 이 중에서 가장 중요한 것은 조직원 들의 월간-주간-일일 계획이다.

목표를 설정한 후에 출발하는 조직과 그렇지 않은 조직은 차이가 날 수밖에 없다. 계획이 없으면 업무가 즉흥적으로 진행되기 때문에 조직 의 성과가 낮을 수밖에 없다. 그렇다면 일일, 주간, 월간 일정은 어떻게 세우는 것이 바람직할까?

보람된 하루를 보내기 위해서는 계획하는 데에 얼마만큼의 시간을 할애해야 할까? 하루 1,440분의 시간 중 1%인 약 14분을 계획을 세우는 데 사용해보기를 바란다. 나머지 99%의 시간이 의미 있는 시간으로 변할 것이다.

자기 자신과 팀원의 시간을 모두 관리해야 하는 리더라면, 하루에 한 번쯤 자신만의 시간혼자 업무를 보는 시간이 필요하다. 시간이 정해지면 이를 팀원들에게 공지해야 한다. 주간 계획에는 일일 계획이, 월간 계획에는 주간, 일일 계획이 포함되어야 한다.

또한 시간은 선행先行 및 시스템적으로 관리해야 한다. 팀장은 일정을 관리하는 수첩과 사내 시스템을 관리하는 수첩을 따로 마련하여 활용해야 시간관리 효과를 거둘 수 있다.

일일	• 나만의 시간(Reflection): 0.5~1시간 확보
주간	• 주요 역할(Role)을 정하라. • 나만의 시간(반나절) 확보 • 결재/미팅 일정
월간	• 주요 역할(Role)을 정하라. • 팀원코칭 일정, 전략적 주요 일정 우선 선정

▲ 일정 관리

자신의 모습은 전적으로 습관이 만드는 것이기 때문에 시간관리는 그 무엇보다 중요하다. 말콤 글래드웰Malcolm Gladwell은 그의 저서인 『아웃라이어』에서 무엇인가를 하루에 3시간씩 꾸준히 해 나가면 10년 후에 그 분야의 최고가 될 수 있다는 '만 시간의 법칙'을 주장했다. 지금 당장 우리 팀의 시간은 어디에 우선순위를 두어야 할 것인지 생각해보자. 팀원들 각자 가장 중요한 우선순위를 매겨보도록 하고, 팀원들의 의견을 모아 개선 방안을 찾아보자. 우리 인생에서 필요한 3가지 금은 방부제 역할을 하는 '소금', 생활을 윤택하게 하는 '현금', 그리고 바로 '지금'이라는 말을 되새겨보면서 지금 이 시간 이후부터 시간을 어떻게 관리할 것인지 생각해보자.

시간을 낭비하는 요인을 없애라

시간을 관리한다는 것은 낭비되는 시간을 줄이는 것과도 일맥상통한다. 업무에 있어서 시간을 낭비하는 요소가 무엇인지를 알고, 이에 대한 대책을 세워놓으면 시간을 좀 더 효율적으로 사용할 수 있다.

시간을 낭비하는 요인은 우리 주변에 많이 존재하고, 언제든지 일어날 수 있는 일이기 때문에 수시로 점검해야 한다. 내가 지금 하고 있는 일이 반드시 지금 해야 하는 일인지, 나만이 할 수 있는 일인지, 이 방법 밖에는 없는지 등을 항상 생각하면서 최선의 방법을 찾기 위해 끊임없

낭비 요인	대책
목표를 설정하지 않는다.	• 시간 계획표를 구입한 후 계획을 세워 활동하라.
한 번에 너무 많은 일을 하려고 한다.	• 목표와 우선순위를 정한 후 시간 계획표를 이용하여 시간 활용 계획을 세워라. • 긴급한 업무 외에 중요한 업무에도 신경 써라. • 위임할 수 있는 업무는 위임하라.
우유부단하다.	• 자료를 수집하여 목표를 설정하고 대안을 점검하라. • 위험은 피할 수 없다는 사실을 인정하라. • 불만의 원인이 구체적으로 무엇인지 찾아보라.
성급하고 초조해한다.	• 시간 계획표를 이용하여 다음 날 반드시 처리해야 하는 업무에 대한 계획을 전날 저녁에 미리 세워라. • 긴급한 업무와 중요한 업무를 확실히 구분하고, 매일 업무의 우선순위를 설정하라.
'아니오'라고 말하지 못한다.	• 정직한 답변은 상대방의 감정을 상하게 하지 않는다. • 시간이 없다고 솔직하게 말하는 것이 최선의 변명이다. • 자신에게 기대하고 있는 것을 충족시키지 못할 경우 역효과가 날 수도 있다.
업무를 끝까지 마무리하지 못한다.	• 긴급도와 중요도에 따라 우선순위를 설정하고, 가장 우선순위가 높은 일부터 처리하라. • 중요한 일에는 모두 실현 가능한 기한을 설정하고, 그것을 준수하라.
매사에 조직적이지 못하고, 책상에 서류가 진뜩 쌓여 있다.	• 중요 사항을 시간 계획표에 기입하고, 그에 따라 서류를 정리하라. • 정말로 중요한 업무에 먼저 착수하고 기한을 직접 설정하라. • 비서로 하여금 중요하지 않은 우편물을 분류하여, 팀원이 답변할 수 있는 문의 사항이 있으면 팀원에게 넘기도록 지시하라. • 그때그때 정말로 필요한 서류만 책상 위에 올려놓아라.

▲ 시간 낭비 요인과 대책

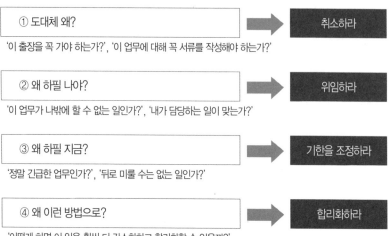

▲ 시간 낭비를 줄이기 위한 4가지 질문 (『자이베르트 시간관리』, 로타르 J. 자이베르트 저, 2005)

이 노력해야 한다. 다음은 시간 낭비를 줄이기 위한 4가지 질문이다. 이를 참고하여 자신이 시간을 효율적으로 사용하고 있는지 스스로 답해 보자.

조직의 시간 경영

리더는 자신의 시간뿐만 아니라 팀 전체의 시간도 관리해야 한다. 다음은 리더가 팀 전체의 시간을 효율적으로 관리하기 위한 방법이다.

첫째, 업무 관련 사안을 조직원들과 공유한다. 여기서 업무 관련 사안이란 논의 시기, 의사결정 시기, 지원 시기 등에 대한 구체적인 사안을 말한다.

둘째, 중장기적인 계획을 수립한 후 세밀한 일정을 수립한다. 한 팀의 리더라면 최소 6개월에서 최대 연 단위로 일정을 계획해야 한다. 이때 리더는 조직 구성원들이 무엇을 언제 해야 하는지를 분명히 인지해야 한다. 날마다 오늘 해야 할 일에만 매달려 우왕좌왕하면 그 팀의 업무 성과는 하락할 수밖에 없다는 사실을 명심하자.

셋째, 긴급한 일보다 중요한 일을 우선시한다. 긴급한 일에 리더의 시간이 많이 사용될수록 중요한 일이 지연되거나 소홀해지기 때문이다. 따라서 아무리 시간이 오래 걸려도 중요한 일에 먼저 집중해야 한다. 리더가 일을 처리할 때에는 가장 중요하고 시간이 많이 걸리는 일, 즉 중장기적인 일부터 생각해야 한다. 리더가 팀원들과 갖는 시간의 교집합을 어떻게 활용하느냐에 따라 결국 앞으로의 팀 성과가 달라진다.

넷째, 팀원들과 일정을 공유한다. 조직이 모두 함께 움직이기 위해서는 리더의 장기 시간표를 공유하고, 팀원들이 그에 맞춰 시간을 계획해야 한다. 리더에게는 팀의 발전 방향 등과 같이 전략적 고민을 하는 시간뿐만 아니라 팀원과의 관계 형성 및 팀원 양성 방법을 고민하는 시간도 필요하다. 따라서 계획된 팀 리더의 시간을 팀 내에서 효율적으로 공유해야 한다.

시간은 결코 무한한 자원이 아니다. 리더의 능력을 극대화하려면 한정된 시간을 효율적으로 사용해야 한다. 한정된 시간을 넉넉하게 활용하고 싶다면 내 주위에 시간 도둑이 어디에 숨어 있는지 파악하는 것이 우선이다. 리더 자신의 시간 도둑뿐만 아니라 팀 전체의 시간 도둑까지 찾아내 팀 전체의 시간을 관리해야만 리더로서 시간경영 능력을 인정받게 될 것이다. 리더라면 자신에게 주어진 자원을 최대 성과를 위해 효율적으로 사용할 수 있어야 한다.

리더의 시간관리는
시계가 아닌 나침반이다

대부분의 리더에게 '요즘 어떠냐?'라고 물으면 바쁘다고 말한다. 리더가 바쁘면 조직 구성원들은 더욱 바쁘다. 한때 시간관리로 본 인재의 유형을 똑부, 똑게, 멍부, 멍게라고 구분한 적이 있다. '똑똑하고 부지런한' 또는 '멍청하고 게으른' 등의 구분이다. 리더인 당신은 어떤 유형인가? 아마도 '똑부'나 '똑게' 가운데 하나일 것이다. 훌륭한 리더는 '똑부'보다는 '똑게'라는 말을 한다. 왜 그럴까?

일반적으로 시간 사용에 따라 4가지 유형의 사람으로 구분한다.

① 시간 파괴형time-killer : 시간 개념 없이 닥치는 대로 일을 처리하는 사람

② 시간 소비형time-spender : 세상에 대한 의욕이 없어 시간이 남아도는 사람

③ 시간 절약형time-saver : 일정표는 지키지만 항상 정신없이 바쁜 사람

④ 시간 창조형time-creator : 많은 일을 처리하고 있지만 여유가 있는 사람

당신은 어느 유형인가? 실제 리더들을 만나보면 의외로 시간 파괴형이 많다. 특히 상사가 시간 파괴형이면 팀원은 어쩔 수 없이 같은 유형이 되고 만다.

하루에 하늘을 한 번 쳐다보는 여유가 하루를 풍요롭게 한다. 하루에 10분! 일의 우선순위를 정하면 시간을 지배할 수 있다. 즉, 일주일을 풍요롭게 보내기 위해서는 자신만의 1시간이 필요하다. 리더는 시계의 역할보다 나침반 역할을 해야 한다. 시계는 시

간을 보기 위한 것이라기보다는 시간을 만들기 위한 것이다. 주요 업무 추진 일정, 출장, 전략 회의, 워크숍, 교육, 회식, 주요 회의, 컨퍼런스 등과 같은 일정을 당신의 플래너에 구체적으로 적어보자. 그리고 그것을 조직 구성원들과 공유해보자. 그러면 그들은 리더의 주요 일정을 바탕으로 자신들의 일정을 추가할 수 있다. 이렇게 되면 신입 직원이라도 하반기 일정을 조망할 수 있으며 좀 더 큰일을 준비할 수 있다. 결국 리더의 시간관리는 나침반(방향) 역할이 우선이다.

'똑게 리더'의 게으름은 일반적인 게으름을 말하는 것이 아니라 '시간 창조형 리더'이며, 나침반을 가지고 있는 '방향성이 있는 리더'를 의미한다. 시계와 나침반의 차이는 무엇인가? 시계가 속도라면 나침반은 방향이요, 시계가 긴급성이라면 나침반은 중요성이다. 시계가 효율성이라면 나침반은 효과성이다. 조만간에 추진할 출장, 각종 전략회의, 워크숍, 직원 면담, 부서 회식 일정 등을 지금부터 설정하여 팀원들에게 미리 알려주자. 그리고 주간, 일일 일정은 팀원의 성과 증진을 도와주고 육성하기 위한 일정으로 활용하자. 그것이 똑똑하고 게으른, 그리고 여유 있는 리더의 시간관리가 될 것이다.

시간관리! 잘하는 것도,
잘하지 못하는 것도 습관이다

직장인들에게 '시간이 있느냐?'라고 물으면 거의 대부분이 바쁘다고 한다. 직장인뿐만 아니라 많은 사람들이 시간이 부족하다고 한다. 누구에게나 하루 1,440분이 똑같이 주어지는데 왜 유독 당신만이 바쁘다고 하는 것인가? 시간 관리를 잘하는 것도, 시간이 부족한 것도 모두 습관에 달려 있다. 뉴욕타임스 기자인 찰스 두히그Charles Duhigg는 『습관의 힘』에서 우리가 매일 행동하는 40%는 의사결정의 결과가 아니라 습관의 결과라고 주장했고, 미국의 심리학자인 윌리암 제임스William James는 우리 삶이 일정한 행태를 띠는 한 우리 삶은 습관 덩어리라고 주장했다.

시간 관리도 이와 마찬가지다. 리더의 시간 관리는 개인 습관의 차원을 넘어 구성원들에게 영향을 끼치기 때문에 조직의 습관으로 이어져 조직문화가 될 수 있다. 특히 리더가 중요한 일보다 급한 일에 몰두하다 보면 조직 전체가 급한 일에 시간을 투입해야 하기 때문에 단기적인 일에 집착하게 되고, 구성원들은 언제 떨어질지 모르는 '급한 일 스트레스 증후군'에 빠지게 되어 직무 몰입에도 악영향을 끼치게 된다.

따라서 조직의 리더일수록, 고위직일수록 시간 관리의 원칙을 지켜야 한다. 우선 바쁜 리더일수록 '자기만의 시간'을 확보해야 한다. 일주일에 2~3시간, 한 달에 반나절 정도는 스케줄에 자기만의 시간을 포함하기 바란다. 몇 주만 실천하면 구성원들도 쉽게 리더의 일정에 적응하게 된다. 따라서 리더는 매년 10월경에 차기년도 주요 일정을 챙겨야 한다. 우선 회사 차원또는 CEO의 주요 일정을 스케줄에 반영하고, 이를 다시 경영전략회의, 출장, 교육, 휴가 등의 일정을 반영하여 11월경에 중간 리더계층에게 공지하며, 중간 리더들의 일정이 11월 말 또는 12월 초에 전 구성원에게 공지되면 개인 차원의 일정을 업무 일정에 반영하면 된다. 조직 구성원이 많고 대기업일수록 이 일정은 더욱 앞당겨져야 한다. 이렇게 생각해보면 CEO의 경우 내년도 주요 일정이 늦어도 10월에는 중역들에게 공지되어야 한다는 계산이 나온다.

CEO부터 개인까지의 주요 일정이 중요 사항 중심으로 연계된 후 신년을 맞이하는 조직과 그때그때 급한 일정만 알려주어 항상 비상시국을 만드는 조직과의 경쟁력에는 큰 차이가 있을 것이다.

교수인 필자의 경우도 이와 마찬가지다. 10~11월에 다음 연도 주요 목표를 수립한다. 이를 바탕으로 대학과 교육공학과의 학사 일정—입학일, 개강일, 시험 일정, 논문 심사 일정 등—을 우선적으로 설정하고, 개인 차원의 연구 논문 추진 일정, 신작 도서 원고 작업 일정, 해외 출장 일정, 그리고 중요하게 다루어야 할 가족들의 생일 등을 기록한다. 그리고 제자들의 논문 지도 일정 등을 기록한다. 그리고 나머지는 가능한 하1~2개월 전에 기록하여 계획대로 움직이면 된다. 대개의 경우 1년이 지나 돌이켜보면 당초 계획 이상으로 목표 달성을 하는 경우가 많고, 시간도 짜임새 있게 활용할 수 있다. 대학 연구실 앞에 'FLOW몰입'과 'OPEN 방문 가능' 푯말을 이용하여 활용하면 방해를 받지 않고 시간을 활용할 수 있다. 시간 관리는 습관이며 조직 성과와 몰입 그리고 만족도에 영향을 끼치는 중요한 자원임에 틀림없다.

따를 줄 아는 자가 이끌 수 있다

·

유능한 리더는 사랑받고 칭찬받는 사람이 아니다.
따르는 이들이 일을 잘할 수 있도록 도와주는 사람이다.
리더십은 인기가 아니라 성과다.

| 피터 드러커 Peter F.Drucker |

수상스포츠를 대표하는 조정 경기를 본 적이 있는가? 조정은 '조화'
와 '배려'를 배울 수 있는 스포츠다. 8명이 한 팀을 이루는 조정은 반드
시 팀원과 조화를 이루어야 한다. 한 명만 잘한다고 이길 수 없고, 한 명
만 못한다고 그를 탓할 수 없는 팀 경기이기 때문에 팀원 간의 조화가
중요하다. 리더가 지시하는 방향에 따라 팀원들이 팔로워십followership을
보여주어야 승리할 수 있는 경기인 것이다.

앞에서 언급하였듯이 인생을 살아가는 데 있어서도 리더십, 프렌드
십, 스포츠맨십 등과 같은 여러 가지 배ship가 필요하다. 이 중 직장 생활
을 할 때 필요한 배는 바로 리더십, 멤버십, 팔로워십이다. 그런데 사람

들은 대부분 팔로워십을 '무조건 상사 명령의견에 복종하는 것' 정도로만 생각한다.

일반적인 의미에서 본다면 팔로워follower는 '리더와 함께 일하는 사람 또는 리더를 따르는 사람'이다. 여러 학자들은 학문적 의미에서 팔로워 의 정의를 다음과 같이 내린다. 로버트 켈리Robert Kelley는 '팔로워는 윤리적이고, 용기가 있으며 전문 지식을 보유한 가운데 독립적으로 행동하는 사람'이라고 정의하고, 이라 찰레프Ira Chaleff는 '리더와 함께 목적을 공유한 사람'이라고 정의한다. 또한 팔로워는 리더와 함께 조직의 비전과 목적을 공동으로 갖고 있는 사람Dixon & Westbrook이라고 일컬어지기도 한다. 이를 인적자원의 측면에서 본다면 리더와 함께 조직의 비전과 목적을 추구하는 사람, 리더와 함께 조직의 성공과 실패에 대한 책임을 지는 사람, 리더의 파트너로서 조직 발전에 중추적인 역할을 하는 사람 이라고 할 수 있다.

한편, 팔로워십followership은 '돕다', '후원하다'라는 뜻을 가진 독일어 인 'follaziohan'에서 유래하였다. 따라서 이는 팔로워가 리더와 함께 조

직의 공유된 목표를 달성하기 위해 개인이나 집단행동에 영향을 끼치는 과정 또는 조직의 성과 창출 및 목표 달성을 위해 리더와 공감대를 형성한 가운데 팔로워의 역량을 바탕으로 리더의 리더십을 효과적으로 지원하는 과정이라 할 수 있다.

　유능한 팔로워의 자질은 헌신commitment, 전문성과 집중력competency & focus, 용기courage, 정직성과 올바른 평가integrity & appreciation라고 할 수 있는데, 결국 유능한 팔로워는 직책에 관계없이 자기가 하고 있는 일에 주인의식을 가지고 있으며 조직 발전을 위해 헌신하는 사람이다. 따라서 조직이 성공하려면 유능한 팔로워가 반드시 필요하다.

　사람들은 회사를 선택할 수 있어도 상사를 선택할 수는 없다. 하지만 상사와 함께 어떻게 조화를 이루어 원하는 성과를 거두느냐는 스스로 선택할 수 있다. 그렇기 때문에 조직의 입장에서 리더와 뜻을 같이 하는 팔로워를 육성하는 것이 매우 중요하다.

조직 내 팔로워의 5가지 유형

　카네기 멜론Carnegie Mellon 대학의 로버트 켈리Robert Kelley 교수는 자기 주도성과 조직 헌신도의 정도에 따라 조직 내 팔로워의 유형을 다음 그림과 같이 5가지로 분류하였다.

소외형 팔로워	모범형 팔로워
• 독립적이고 비판적인 사고는 하지만 적극적으로 참여하지 않는 팔로워 • 유능하지만 스스로 노력하지 않거나 서서히 불만스러운 침묵으로 빠져듦.	• 리더에게 비판적인 의견을 제시하면서도 건설적이고 적극적으로 제 역할을 해냄. • 독립심이 강하고 헌신적이고 독창적이며 솔선수범함.
실무형 팔로워 • 조직의 운영방침 등 변화에 민감함. • 자신의 이익을 위해 의견 대립을 피함. • 실패에 대한 변명 준비	
• 비판적 사고도 없고 참여도 없는 팔로워 • 책임감 결여 • 솔선수범하지 않으며 지시 없이는 주어진 업무를 수행하지 못함.	• 열심히 방침을 따르지만 독립적인 사고가 부족하여 리더에게 의존하는 편 • 리더의 권위에 순종하고 리더의 견해나 판단을 따르는 데 지나치게 열중함.
수동형 팔로워	순응형 팔로워

수동적 · 소극적 / 능동적 · 적극적

의존적 · 무비판적

▲ **로버트 켈리의 조직 내 팔로워의 5가지 유형**

첫 번째는 수동형 팔로워다. 책임감이 없고 수동적이기 때문에 상사의 지시가 없으면 매우 소극적이다. 시키는 일만 하고 맡겨진 일 이외에는 아무것도 하지 않는 복지부동형이다. 조직 구성원의 5~10%가 이 유형에 속한다.

두 번째는 소외형 팔로워다. 한 분야에 전문성은 있지만 매사에 비판적이며, 업무에 소극적이다. 이러한 유형의 팔로워들은 대개 회의 후 "저렇게 해서는 안 돼"라며 불만을 토로한다. 이 유형은 상사와의 갈등을 초래하여 리더나 조직으로부터 배척당할 가능성이 많다. 조직 내 구성원 중 15~20%가 이 유형에 속하는데, 이는 보통 리더의 관심 부족으로 생기는 경우가 많다. 인정에 대한 욕구가 많아 어린 아이들이 괜히 부모로부터 인정받고 싶어 엉뚱한 행동을 하는 것처럼 상사의 행동에 비판을 더 가하는 경우도 있다.

세 번째는 순응형 팔로워다. 한마디로 '예스맨'이라 할 수 있다. 조직 내 구성원 중 20~30%가 이 유형에 속하는데, 상사의 이야기에 무조건 "예"라고 대답하는 유형이다. 지나치게 리더의 판단에 의존하며 복종적이고 순응적이다. 하지만 독립성이 부족하여 리더의 도움이나 지침이 없으면 일을 할 수 없다.

네 번째는 실무형 팔로워다. 이들은 대개 조직 구성원의 25~35%로 가장 많은 비율을 차지하고 있다. 일을 할 때, 어느 부분까지 하면 90%, 100%한 것이라는 것을 알고 있어서 욕을 먹지 않을 만큼만 일을 한다. 인사 고과에서 좋은 점수를 받을 생각을 하고 있으며, 상사와의 의견 대립을 원하지 않기 때문에 지시 받은 일을 적당히 끝내는 유형이다.

다섯 번째는 리더의 입장에서 보았을 때 함께 일하고 싶은 모범적 팔로워다. 이들은 대개 리더나 조직으로부터 독립성이 강하다. 본인의 일에 대한 주인의식을 가지고 있으며, 혁신적이고 독창적이다. 또한 무조건적인 비판이 아니라 건설적인 비판과 대안을 제시할 줄 안다. 모범적 팔로워들은 단순한 팀원을 뛰어넘어 때로는 파트너가 될 수도 있고, 참모가 될 수도 있으며, 때로는 동지가 될 수도 있다.

여러분은 이 다섯 가지 유형들 가운데 어느 유형에 해당하는가? 상사를 살리는 모범적 팔로워인가, 상사를 힘들게 하는 팔로워인가?

■ 리더를 힘들게 하는 팔로워, 조직에 힘이 되는 팔로워

리더를 성공으로 이끄는 팔로워가 있는가 하면, 실패의 나락으로 떨어뜨리는 팔로워도 있다. 리더를 힘들게 하는 팔로워는 스스로 팔로워임을 거부한다. 그리고 '내가 누군데……', '내가 이 분야에서 몇 년 동안 일했는데……'와 같이 텃세를 부리는 유형도 있다. 툭하면 불평불만을 하거나 무조건 예스만 하는 팔로워, 시키는 업무만 하는 팔로워도 리더를 힘들게 하는 팔로워에 해당한다. 그렇다면, 조직에 힘이 되는 팔로워란 어떤 사람을 말하는 것일까? 다음 그림은 팔로워의 유형에 따른 조직의 필요도를 나타낸 것이다.

구분	켈리(1992)	살레(1995)	켈러만(2007)
高 ↑ 조직 필요도 ↓ 低	모범형(exemplary)	파트너(partner)	활동형(activity)
	실무형(pragmatist)	실행자(implement) 개인주의자(individual)	참여형(participant)
	순응형(comformist) 소외형(alienated) 수동형(passive)	의지자(recourse)	방관자형(bystander) 저항형(diehard) 고립형(isolate)

▲ 팔로워의 유형에 따른 조직 필요도

조직의 성장과 발전에 기여하는 팔로워는 열정과 지성, 자신에 대한 확신을 가지고 조직의 목표를 추구하는 데 헌신하고, 일 자체를 하고 싶어 하며, 옳은 일에 신명을 바칠 줄 안다. 따라서 이들이 발휘하는 팔로워십은 리더십과 대립적인 개념이 아니라 리더십의 또 다른 이름이라는 점을 명심해야 한다.

■ 모범적인 팔로워가 되려면?

'잘되는 식당의 공통점 = 주문하는 것 이상의 덤(+α)'

식당에 가서 식사를 하다 보면 밥의 양이 부족할 때가 있다. 추가로 밥을 주문했을 때, 주인이 주는 밥의 양을 보면 크게 그릇에 꽉 채우지 않고 조금만 주는 경우, 밥그릇에 딱 맞는 양 만큼만 주는 경우, 밥그릇에 넘칠 정도로 주는 경우로 나눌 수 있다. 여러분이 고객이라면 어떤 식당을 가장 좋게 생각하겠는가? 대부분 사람들이 정량보다 많이 주는 식당에 호감을 느낄 것이다. 우리는 누구나 기대 이상의 덤을 주면 기분이 좋아진다.

회사 일도 이와 마찬가지다. 상사가 주는 일을 100%라고 생각하지 말고 스스로의 목표를 120%, 150%로 삼아 덤을 항상 준비하자. 잘되는 식당의 공통점이 기본에 플러스 알파를 주는 것처럼 잘하고 있는 팔로워도 이와 마찬가지다. 성공과 인정에는 공짜가 없다는 말이 있다. 기대 이상의 추가 보너스, 덤을 준비하면 상사로부터 인정받는 유능한 팔로워가 될 수 있다. 모범적 팔로워는 다음과 같은 특징이 있다.

• 팀 또는 회사의 미션, 비전, 핵심가치를 명확히 이해하고 있다.

- 기본 역량과 전문성을 갖추고 있다대안 제시, 독립성.

- 진정성, 지속성, 일관성이 있다.

- 다른 사람과 소통하며, 공감대를 이루고자 노력한다.

- 일에 대한 열정이 있으며, 헌신적이다.

■ 무능한 상사를 만났다면?

상사나 임원이 마음에 안 들거나 무능해 보이는 경우가 있다. 이때 가장 조심해야 할 것은 '나의 상사가 무능하다'고 떠들고 다니거나 그 상황을 바꾸려 하지 말아야 한다는 것이다. 무능한 상사와 같이 일을 한다고 떠들고 다니기 시작하면 가장 먼저 그것을 알아차리는 사람은 바로 그 무능한 상사다. 자신을 어떻게 생각하는지는 상대의 눈빛만 봐도 알 수 있다. 무능한 상사를 변화시키려고 하다가 자기가 먼저 화를 당하는 경우도 수없이 많다.

이때 생각해야 할 것은 무능하더라도 나의 상사라는 것이다. 그 사람도 해당 직무에 걸맞지 않을 뿐 상당한 역량을 갖추고 있을 것이다. 조직에서 무능한 상사를 만났을 때 상사의 무능함을 남에게 드러내기보다는 오히려 좀 더 큰 성과를 만들어 내어 그 상사의 부족한 부분을 보완해야 서로에게 득이 되는 결과를 낳을 수 있다. 그를 이롭게 하는 것이 결국 나를 이롭게 하는 길임을 깨달아야 한다. 유능한 팔로워가 리더와 조직의 성공을 만들 수 있고 훗날 성공적인 리더로 성장할 가능성이 매우 높은 이유는 바로 이 때문이다.

모범적인 팔로워는 다른 말로 '파트너'이다. 시키는 것만 따라하는 일방적인 추종자가 아니라 능동적으로 일을 처리하는 파트너라는 인식을 지녀야 한다. 어떤 상황에서든 상사와 뜻을 같이 하겠다는 마음가짐과 태도가 중요하다.

조직 구성원으로서의 팔로워 역할을 살펴보자. 만약 여러분이 한 부서의 팀장이라면 리더의 위치에 있다고 할 수 있지만, 여러분 상사의 입장에서 보면 당신도 팔로워가 된다. 즉, 모든 조직 구성원은 직책 및 직급에 관계없이 리더와 팔로워의 역할을 동시에 수행한다. 따라서 유능한 리더는 유능한 팔로워가 될 수 있고, 유능한 팔로워는 유능한 리더가 될 수 있다.

결국 리더십과 팔로워십은 동전의 양면과 같다. 다음은 리더십과 팔로워십의 관계를 그림으로 나타낸 것이다.

리더십이 팀원을 감동시키고 목표 달성과 팀원 육성, 팀원의 코칭에

리더십	팔로워십
• 팀원을 강화시킴 • 목표달성과 팀원육성 • 팀원 코칭에 역점 • 스스로 책임을 짐	• 리더를 강화시킴 • 목표달성, 리더의 영광 그리고 자신의 발전을 꾀함 • 리더에게 최선책을 제시하고 지시에 따라 행동함 • 리더에 대한 책임을 지려함(파트너라는 인식)

▲ 리더십과 팔로워십의 관계

역점을 두어 스스로 책임을 지는 역할을 수행하는 것이라면 팔로워십은 상사나 리더가 아닌, 팀원이 리더를 감동시키는 것이다. 또한 리더와 파트너가 되어 최선책을 제시하고 그에 걸맞은 행동을 하거나 주인의식을 가지고 최대한의 성과를 만들어 내며, 리더와 책임을 같이 공유하기 위해 애쓰는 것이다. 결국 리더와 팔로워는 상호 유기적인 관계를 맺는 것이 중요하다.

■ Leader는 Reader다

미국의 트루먼 대통령은 "모든 Reader가 Leader는 아니지만, 모든 Leader는 Reader다"라고 말하였다. 즉, 리더는 독서를 통해 끊임없이 학습해야 한다는 것을 강조하였다. 요즘 서점에 나가 보면 평생 학습을 강조하는 서적이 많이 출판되어 있다. 제목 또한 '10대, 꿈을 위해 공부에 미쳐라', '20대, 공부에 미쳐라', '30대, 다시 공부에 미쳐라', '40대 공부 다시 시작하라', '공부하다 죽어라' 등과 같이 직설적이다.

이는 지속적인 학습이 필요하고 이를 통해 새로운 콘텐츠를 만들어 내야 이 시대가 요구하는 인재, 즉 리더가 될 수 있다는 것을 의미한다. 그렇다면 리더는 무엇을 읽을 줄 알아야 할까? 리더는 미래를 읽을 줄 알아야 하고, 경영을 읽을 줄 알아야 하고, 세상의 변화, 구성원의 마음과 특성을 읽을 줄 알아야 한다.

앞에서 팔로워십을 발휘하기 위해서는 조직 목표 추구, 정보 전달,

문제 해결 능력, 제안, 자발성, 리더 인정, 혁신성, 갈등 관리 등이 필요함을 강조하였다. 이는 팔로워십의 비중이 지식·기술 영역에 비해 상대적으로 높다는 점과 팔로워십을 발휘하기 위해서는 팔로워의 태도가 무엇보다 중요하다는 점을 강조한 것이다.

그렇다면 훌륭한 팔로워가 되기 위해서는 어떤 전략이 필요할까?

훌륭한 팔로워가 되기 위해서는 리더의 목표 달성 수단이 되어야 하고, 리더가 훌륭한 리더가 되도록 도와야 하며, 리더와 상호 신뢰 관계를 형성해야 하고, 리더를 있는 그대로 바라보고 다른 사람에게 리더를 비판하지 말아야 한다. 또한 이와 관련하여 팔로워십을 잘 발휘하기 위해서는 다음과 같은 점에 유념해야 한다.

첫째, 리더에게 지지를 표시하라.

둘째, 주도권을 잡아라.

셋째, 적절할 때에 상담하고 코칭하라.

넷째, 필요할 때 문제를 제기하고 관심을 보여라.

다섯째, 리더의 솔직한 피드백을 구하고 격려하라.

여섯째, 자신의 역할과 기대를 명확하게 하라.

일곱째, 리더에게 정보를 제공하라.

여덟째, 리더의 부적절한 영향력에 저항하라.

지금까지 이야기한 정직, 긍정, 팔로워십 등은 모두 습관이다. 처음에는 내가 습관을 만들지만 나중에는 습관이 나를 만든다. 아리스토텔 레스는 "탁월한 사람이라서 올바르게 행동하는 것이 아니라, 올바르게 행동하기 때문에 탁월한 사람이 되는 것이다. 자신의 모습은 습관이 만 든다."라고 하였다. 모범적인 리더, 훌륭한 팔로워가 되고 싶다면 좋은 태도로 습관을 들여 후배들을 육성하는 것에 신경을 써야 할 것이다. 다 시 말하지만 성공적인 리더 뒤에는 항상 헌신적인 팔로워가 있다는 사 실을 잊어서는 안 된다.

팔로워십도
리더십이다

창의성이 경쟁력인 시대가 요구하는 리더십은 무엇일까? 창의성은 리더 자신이 만드는 것이 아니다. 리더는 다만 창의성이 있는 조직을 만들 뿐이다. 팀원들의 창의성이 지속적으로 발현되려면 필요한 것이 있다. 그것은 바로 유연한 사고를 바탕으로 한 식을 줄 모르는 '감성'과 조직에 '헌신'하고자 하는 마음이다. 이를 위해서 리더는 유능한 팀원들이 보여주어야 하는 팔로워십을 육성할 필요가 있다. 리더 혼자 지속적인 성장을 만들 수는 없다. 성공하는 조직에는 리더와 뜻을 같이하는 유능한 팔로워들이 있다.

그렇다면 팔로워십followership이란 무엇일까? 혹시 팔로워십을 무작정 상사의 지시를 따르는 '맹목적인 추종'으로 생각하지 않는가? 조직에는 리더를 성공으로 안내하는 팀원이 있는가하면 실패의 나락으로 빠뜨리는 팀원도 있다. 예를 들면 스스로 팔로워임을 거부하는 팔로워, 회의 때 총론은 찬성하고 각론에서는 반대하는 불평 불만형 팔로워, 시키는 일만 하고 상사에 의존하는 예스맨형 팔로워 등이다. 반면 모범적 팔로워는 팀원이라기보다는 조직전체의 성과와 초점을 맞추는 '파트너'이다. 모범적 팔로워는 조직의 한방향 구심력을 모은다. 조직의 미션, 비전, 핵심가치를 명확히 알고 있다. 전문성 확보는 기본이다. 이를 바탕으로 대안을 제시하는 '파트너십'을 발휘한다. 또한 정직과 신뢰를 바탕으로 소통과 '공감대'를 형성한다. 때로는 용기 있는 직언도 한다. 아울러 열정과 헌신의 지수가 높다.

따라서 유능한 팔로워는 의사결정 과정에 적극 '참여'하고, 때로는 결정사항이 자신의 의견과 다르다 하더라도 적극 수용하고 따를 줄 아는 '용기'와 '공감대'가 필요하다. 또한 상사의 지시에 의해서만 일하는 소극적 팀원이 아니라 조직의 성공과 공동목적 달성에 기여하는 리더의 '파트너'라고 볼 수 있다. 지위와 계급에 상관없이 누구나 리더이자 팔로워이다. 역설적으로 '잘 따르는 자가 잘 리드할 수 있다'는 결론이다. 팔로워십과 리더십은 동전의 양면과 같다. 그래서 팔로워십은 리더십의 한 역량인 것이다.

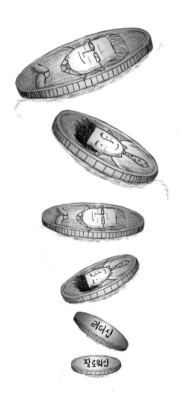

리더십과 팔로워십은
동전의 양면이다

누구든지 리더이면서 팔로워 역할을 동시에 수행하게 된다. "팔로워십도 리더십이다"라는 말과 "따를 줄 아는 자가 잘 이끌 수 있다"라는 말은 바로 이러한 사실에 근거하고 있다.

누구든지 '방향'은 자신이 선택할 수 있다. 어느 기업에 입사할 것인지, 어느 대학에 갈 것인지는 자신이 택할 수 있다는 말이다. 하지만 조직의 상사, 동료, 후배 그리고 교수는 자신이 마음대로 정할 수 없다. 따라서 인생은 누구를 만나느냐의 게임이다. 좀 더 단정적으로 말하면 이렇듯 마음대로 정할 수 없는 사람들과의 관계를 어떻게 풀어 나가느냐가 인생 성공을 결정하는 경우가 많다. 이러한 이치를 빨리 깨닫는 사람이 성공할 수 있다. 최근 들어 인문학人文學의 열풍이 거센 이유도 이러한 인간관계의 중요성을 이해하기 위함으로 볼 수 있다.

조직의 구성원이 되면 마음대로 팀장이나 팀원을 정할 수 없지만 그들을 대하는 태도는 자신이 정할 수 있다. 긍정적으로 대할 것인지, 냉소적으로 대할 것인지는 모두 자신의 판단에 달려 있다. 모범적인 팔로워로 성장하기 위해서는 팀원도 중요하지만 리더의 책임도 막중하다.

조직 내에서 인정받고, 승승장구하면서 장수하는 사람들을 유심히 살펴보라. 성공한 사람들을 보면 긍정적이고, 적극적이며, 대인관계가 원만하다. 특히 상사와의 파트너십은 상호 신뢰를 바탕으로 한 상생의 리더십과 팔로워십의 관계라고 할 수 있다. 켈리Kelley가 분류한 다섯 가지 팔로워 유형인 소외형, 수동형, 순응형, 실무형, 모범형은 팀원 자신의 유형일 수도 있지만, 리더가 팀원을 다섯 가지 유형으로 만들 수도 있다는 점을 기억해야 한다. 리더의 무관심이 인정받고 싶어 하는 소외형을 만들고, 권위형 리더십이 무조건 예스를 외치는 순응형과 시켜야만 일을 하는 수동형을 만든다는 것이다. 모든 리더의 로망인 모범형 팔로워는 리더와의 건강한 파트너십을 유지하고, 때로는 직언도 서슴지 않으며, 조직 성공에 기여하는 사람이다.

최근 들어 세종을 다시 연구하는 열풍이 불고 있는 이유는 무엇일까? 세종은 어전회의를 할 때 토론식 미팅 분위기를 조성하였고, 왕 앞에서 고개를 들고 말하도록 자신감을 심어주었으며, 무조건 찬성하는 신하를 경계하면서 왜 반대 의견이 없는지를 걱정하였다고 한다. 신하들은 전통적 절대 왕권과 힘의 지배를 받던 태종 시대와는 다른 세종의 이러한 인본주의적 접근으로 인해 적지 않게 놀랐을 것이다. 결국 이러한 인재경영이 조선시대 최고의 부흥기를 만든 토대가 되었다.

구성원들을 모범형 팔로워로 양성하기 위해서는 리더 자신을 개방하고, 소통할 수 있는 환경을 조성함으로써 리더와 팔로워의 관계를 인본주의로 정립해야 한다. 조직의 성공에 기여하는 팔로워가 되기 위해서는 미션-비전-핵심가치 등과 같은 목적과 정보를 공유하며 아이디어 실행에 힘을 실어주는 지원이 필요하다.

3장

소통과 코칭
리더십
Facilitative
Leadership

평범한 조직을 비범한 조직으로 만드는 기술이 바로
소통과 코칭이다. 구성원들의 다양한 의견을 존중하고 그들의 잠재역량을
이끌어 내고 싶다면 소통과 코칭 리더십에 주목하자.

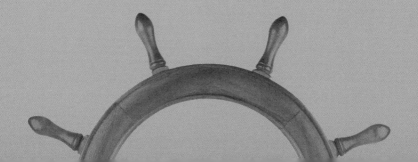

10

도전과 실패는
인정이 아닌 허락하는 것이다

·

인생에 주어진 의무는 다른 아무것도 없다.
그저 행복이라는 한 가지 의무뿐.
우리는 행복하기 위해 이 세상에 왔다.

| 헤르만 헤세 Hermann Hesse |

소통의 사전적 정의는 '서로 막힘 없이 통通하는 것'이다. 영어의 커뮤니케이션communication은 원래 라틴어의 'communicare'에서 유래한 말로, '나누다', '공유하다', '함께하다'의 의미를 갖고 있다. 오늘날 소통이란 사람과 사람 사이에 말이나 정보를 주고받음을 일컫는다.

요즘 기업, 학교, 정부기관에서의 공통적인 키워드는 바로 '소통'이다. 소통을 위해 대대적으로 조직을 개편하거나 커뮤니케이션 방법을 강조하는 데도 불구하고 정작 소통은 원활하게 이루어지는 것 같지 않다. 왜 그럴까?

실제로 현장에 가 보면 '소통'이 아닌 '호통'을 치고 있고, 사람을 키우

는 '코칭'이 아니라 '티칭'을 하고 있다. 과도한 티칭은 팀원으로 하여금 상사가 시키는 것만 하도록 함으로써 팀원의 성장을 가로막는다. 그렇다면 조직 내에서 '소통'과 '코칭'이 성공적으로 이루어지기 위해서는 어떻게 해야 할까? 바로 사람과 조직을 바라보는 관점부터 바뀌어야 한다.

맥그리거의 X, Y이론

조직 내에서 소통을 원한다면 먼저 인간을 보는 관점에 대해 인식해야 할 필요성이 있다. 이와 관련하여 미국의 심리학자 더글라스 맥그리거Douglas McGregor는 인간의 본질적인 특성부터 이해해야 한다고 주장했다. 그의 저서인 『기업의 인간적 측면』에서 그는 지속적인 성과를 달성하기 위해 조직이 사람을 어떻게 대해야 하는지에 초점을 맞춘 X이론, Y이론을 발표했다. 맥그리거는 다음 그림처럼 통제와 권위에 의한 전통적인 인적자원 관리의 한계를 지적하고, 통합, 자기통제, 몰입, 권한위임 등에 의한 인적자원 관리로 변화해야 한다고 주장한다. 그의 이론을 좀 더 살펴보기로 하자.

기업 경영은 근본적으로 인간에 대한 기본 이해에서 출발하는데, 인간의 본질적 특성에 대한 두 가지 대립적인 가설을 세운 것이 바로 X이론과 Y이론이다.

X이론은 일단 사람을 부정적으로 가정한다. 사람은 기본적으로 게을러서 일하기를 싫어하며, 이러한 사람들과 함께 기업의 목표를 이루려면 통제와 감시가 전제되어야 한다는 것이다. 반대로 Y이론은 사람을 긍정적으로 가정한다. 사람은 기본적으로 일을 즐기고 일에 대해 책임질 줄 알며, 자아실현을 위해 몰입과 잠재력을 발휘할 수 있다고 본다. Y이론에 따르면 기업 목표를 이루기 위해서는 개인 목표와 조직 목표를 통합시키고, 몰입할 수 있는 환경을 조성해야 한다.

지난 100년 동안 기업은 X이론에 근거한 경영으로 성장하였다. 상황

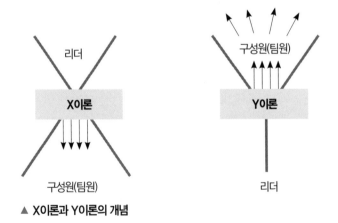

▲ X이론과 Y이론의 개념

이 이렇다 보니 모든 직원들은 상사를 위해 일하는 것처럼 보이고, 상사의 감시와 통제가 없으면 일이 진행되지 않는다. 즉, 모범적 팔로워가 나오기 힘든 상황이 된 것이다.

맥그리거는 X이론에 근거한 기업 경영의 문제를 지적하고, 그 대안인 Y이론을 바탕으로 '조직에서 인간의 협력 활동이 제한되는 것은 인간의 본성 때문이 아니라 인적 자원의 잠재력을 실현하는 경영진의 독창력이 부족하기 때문'이라고 보았다. 결국 기업은 감시와 통제가 아닌 통합과 자기통제에 근거한 경영을 해야 한다는 말이다.

- 자발적으로 동기부여를 한다고 생각한다.
- 스스로 자기임무를 완수하려 한다고 생각한다.
- 업무는 즐기는 것처럼 자연스럽게 하는 것이다.
- 스스로 자기를 관리하고 방향을 설정해야 한다고 생각한다.
- 보상을 위해 열심히 일한다고 생각한다.
- 높은 수준의 상상력을 갖고 있다고 생각한다.
- 자율적 책임감과 혁신 능력을 갖고 있다고 생각한다.
- 전통적 직무 현장에 적용하기는 쉽지 않다.
- 개인적 목표 설정에는 유용하다.
- Y이론이 소프트적인 접근 방식이라고 보기는 어렵다.
- Y이론은 research에 의한 결과이다.
- Y이론 접근법은 구성원들이 열심히 일한다면 존중받고, 가치가 있음을 인식한다.
- Y이론에 입각한 경영자는 인간관계를 강조한다.

▲ Y이론형 인간관의 특징

X형 리더 vs. Y형 리더

X형 리더는 기본적으로 인간을 부정적으로 보기 때문에 직원들은 일을 싫어하고, 책임감이 없으며, 언제나 방향 제시가 필요한 존재로 여긴다. 따라서 X형 리더는 직원을 믿지 못하고 자신이 그들을 가르쳐야 한다는 식의 보스형 기질을 갖게 된다. 그뿐만 아니라 직원들을 하나의 부속품처럼 여기기도 한다.

구성원을 보는 시각	리더의 행동 특성
• 일을 싫어한다 • 책임감이 없다 • 공식적인 방향 제시가 필요하다	• 믿을 사람이 없다 • 결과 중심적이며 인간에 대한 관심이 낮다 • 책임은 결국 리더의 몫이라고 생각한다 • 보수적이며, 철저한 관리 중심이다 • 권위적이며, 보수적이다

▲ X형 리더의 행동 특성

반면 Y형 리더는 직원 하나하나가 능력이 있고 자발적으로 동기를 부여하는 존재로 본다. 또한 직원들은 업무를 즐길 줄 알고 자기관리를 통해 방향을 설정할 수 있다고 믿는다. 따라서 Y형 리더는 직원들을 존중하고, 신뢰와 과정을 중요시하며, 칭찬과 격려를 아끼지 않는 것은 물론 직원들의 실패도 인정한다. 때로는 코칭과 멘토링을 하고 권한을 위임하기도 한다.

구성원을 보는 시각	리더의 행동 특성
• 일을 좋아한다 • 인간을 스스로 동기부여하는 존재로 파악한다 • 책임감, 혁신 의지가 있다 • 자신의 의지, 열정, 방향을 갖고 있다	• 상호 신뢰와 과정을 중시한다 • 인간에 대한 관심이 많다 • 칭찬, 격려를 좋아한다 • 도전적이며 실패를 인정한다 • 혁신에 적극적으로 참여한다 • 코칭과 멘토링을 즐긴다 • 권한을 위임한다 • 비전과 가치를 공유한다

▲ Y형 리더의 행동 특성

당신은 상사가 나를 어떤 태도로 대할 때 내가 지속적인 성과를 만들어 내는데 효과적이라고 보는가? 나를 믿지 못하고 통제하며 감시하는 X형 리더와 함께 일을 할 때 더 많은 기여하겠는가, 나를 믿어주고 기회를 주고 임파워먼트해주고, 코치해주는 Y형 리더와 함께 일을 할 때 더 많은 기여를 하겠는가?

사람을 중심에 두는 리더가 되자

인본주의는 현대 기업 경영에 널리 적용되는 개념으로, 인간의 자유와 존엄성을 중시하는 사상과 이론 체계를 말한다. 1990년대 이후, 국내 기업들은 과학적 관리론에 근거하여 효율 경영을 강화했지만 곧 지속 성장의 한계를 드러내게 되었고, 이러한 단기적 성과 및 효율성에 치우친 경영 방식은 창조적 변화에 걸림돌이 되었다. 그 결과 21세기에는 인적자원을 통한 가치 창출이 경영의 핵심 이슈로 대두되었고, 인본주의를 재조명하게 되었다.

기업이 인본주의 경영을 하기 위해서는 몇 가지 조건이 필요하다.

첫째, 회사와 임직원 간의 신뢰를 구축해야 한다. 신뢰 구축은 지나친 관리와 통제에서 탈피하여 '자유와 자율'의 조직 문화를 구현할 수 있도록 만드는 기본이다. 따라서 리더는 구성원의 창의적 사고를 위해 '명령과 통제'의 구조를 벗어나 신뢰에 바탕을 둔 문화를 구축하려는 노력을 지속적으로 기울여야 한다. 이를 위해서는 구성원에 대한 리더의 신뢰 구축뿐만 아니라 조직과 리더에 대한 구성원의 신뢰 구축도 중요하다.

둘째, 구성원 스스로 자부심을 느끼게 해야 한다. 자부심은 직원 스스로 가치를 창출하고 몰입하게 만드는 열정의 원천이다. 조직과 업무에 대한 자부심은 구성원의 열정을 불러일으키는 중요한 요인이다. 또한 직원의 성장 없이는 회사의 성장도 없다는 인식 전환이 필요하다.

셋째, 회사의 비전과 가치를 공유해야 한다. 회사가 임직원과 회사의 성장 비전에 대한 목적과 가치를 공유하면 임직원들의 자발적 참여가 가능하다. 우리 주위의 많은 글로벌 기업이 존경받는 회사로 성장하기 위해 공유 가치를 정립하여 구성원들에게 명확한 정체성을 제시하고 있는 사례는 우리에게 시사하는 바가 크다.

인재전쟁의 시대에 최고의 경쟁력은 다름 아닌 '사람'이다. 팀제나 집단 지성이 강조되고 있는 시점에 기업은 곧 사람이라 해도 과언이 아니다. 우수한 인재를 보유한 조직 속에서 다양한 혁신방안들이 쏟아져 나오고, 이를 통해 탁월한 성과를 거두는 것은 어찌보면 당연한 일이다. 21세기 패러다임에 맞는 리더가 되고 싶다면 상대방을 이해하고 서로의 신뢰를 바탕으로 상대방을 일으켜 세워야 한다. 소통은 바로 그때부터 시작된다.

인재Talent를 보는
두가지 시각

20세기 최고의 화가라 칭송받는 피카소와 근대 회화의 아버지라 불리는 폴 세잔느는 서로 상반된 길을 걸어 간 세계적인 화가들이다.

피카소는 어릴 때부터 천재적 재능을 가지고 태어난 인재다. 19세에 파리로 건너가 20세에 첫 전시회를 여는 등 단기간에 명성을 얻었다. 입체주의 미술양식을 창안하였으며, 피카소 특유의 괴기한 표현법을 탄생시켰다. 한마디로 천재적 재능을 바탕으로 조기에 발굴된 스타이다. 그의 작품 가치는 20대 중반이 노후보다 오히려 4배나 높게 평가되고 있다.

반면 세잔느는 대기만성형 화가다. 부모의 반대로 뒤늦게 그림을 그리기 시작하여 오랜 방황과 여정, 시행착오, 그리고 천신만고 끝에 나이 들어 성공했다. 야수파와 입체파에 많은 영향을 끼쳤으며, 근대 회화의 아버지로 불리고 있다. 그의 작품 가치는 60대 이후가 젊었을 때에 비해 15배 높은 것으로 알려져 있다. 한마디로 피카소가 조기 발굴된 '핵심인재'라면 세잔느는 뒤늦게 성장한 '뚝심인재'인 셈이다.

미국 NBA 농구 선수 선발전에서도 이와 비슷한 사례를 찾아볼 수 있다. NBA 농구 선수는 신체적, 정신적 한계까지 측정한 후 그 성적순으로 선발하지만 실제 선수생활이 선발 성적과는 비례하지 않는다는 것이다. 미시간대 법대에서도 로스쿨 성적과 커뮤니티에 기여하는 정도는 비례하지 않는다는 조사 결과를 발표한 바 있다.

기업에서는 대부분 핵심인재에 초점을 두고 있다. 그러나 핵심인재만큼 중요한 것은 바로 대기만성형 뚝심인재다. 뚝심인재는 입사 초기에 바로 눈부신 성과를 내기보다는 오히려 경력이 쌓일수록 그 장점을 발현하기 때문에 핵심인재만큼이나 꼭 필요한 존재다. 이제 기업은 핵심인재와 비핵심인재의 구분이 아닌 핵심인재와 뚝심인재의 구분으로 인재를 바라보아야 할 것이다.

빠른 경영환경 속에서 인재를 바라보는 시각이 핵심인재 중심으로 강화되는 경향이 있기는 하지만, 학습 스타일이 다른 인재들의 성장을 기다려주는 인내와 배려가 필요하다. 당신은 반짝반짝하는 핵심인재만 찾고 있는 리더인가, 뚝심인재 가운데에도 장점, 강점, 잠재역량을 찾아 성공과 성장의 기회를 주는 리더인가? 당신도 과거에는 뚝심인재였음을 기억하자.

Y이론의 교훈을 깨닫게
해준 둘째 딸

'최진사댁 셋째딸'이라는 노랫말처럼 필자에게도 딸이 셋이 있다. 딸들의 청소년기 시절에 나는 회사를 다니느라 늘 바빴다. 가장으로서 경제적 지원만 열심히 해주면 알아서 크는 줄 알았다. 다행스럽게도 큰딸은 별탈 없이 잘 성장해주었다. 막내딸도 잘 성장하고 있다. 나는 두 딸에 대한 신뢰가 커서 엄마와 딸들 사이에 의견 차이가 생기면 늘 딸들 편을 들곤 했다.

문제는 둘째 딸과의 관계에서 생겼다. 고등학교 진학 후 성적이 떨어지고 사춘기를 거치면서 부모와의 갈등이 커져 갔다. 행동도 제멋대로이고, 도무지 대화가 되지 않았다. 항상 둘째 딸에 대한 걱정이 큰 나머지 나는 늘 통제하려고만 했다. 모처럼 주말에 얼굴을 대하면 불편했다. 가족 간의 식사시간에도 냉랭한 기운이 감돌았다. 어쩌다 대화를 하기만 하면 갈등으로 직결되었다. 필자의 걱정은 커져만 갔다. 나는 맥그리거의 X형 인간관으로 둘째 딸을 바라보았다.

그러던 어느 날 비슷한 처지에 있던 동료 K교수와 이야기를 나누었다. 그 교수에게는 고등학교 2학년 아들이 하나 있는데 공부를 도무지

하지 않는다는 것이다. 심지어 중간고사 기간에 아예 학교를 가지 않았다고 한다. 참다못한 K교수는 체벌, 협박, 회유 등 여러 가지 방법을 모두 동원해보았지만 소용없었다. 오히려 부자관계만 악화되었다. 결국 '자식 이기는 부모 없다'라는 생각에 관리와 통제의 방식에서 벗어나 섬기는 방식으로 바꾸었다. K교수는 일찍 귀가하여 아들과 같이 공부하고, 물도 갖다 주고, 학원까지 태워다 주는 등 정성을 보였더니 두 달만에 아빠의 진정성을 깨닫고 공부를 하기 시작했다는 것이다. 자식을 보는 관점을 X형 인간관에서 Y형 인간관으로 바꾸어 성공 사례를 만든 것이다.

이야기를 듣고 난 필자는 깊은 생각에 빠졌다. 곰곰 생각해보니 아빠인 필자에게도 문제가 있었다. 필자는 둘째 딸이 어떤 과목을 잘하고, 어떤 과목을 못하는지 몰랐다. 아이의 교과서를 들여다본 적도 없었다. 심지어 몇 반인지도 몰랐고, 담임선생님이 남자인지 여자인지도 몰랐다. 친구 이름도 제대로 알지 못했다. 그러면서 성적이 떨어지면 호통만 친 것이다. 내용도 과정도 모르면서 권위적인 아빠로만 군림한 셈이다. 나는 X형 인간관에서 Y형 인간관으로 변화하기로 결심했다. 물론 아빠의 진심과 사랑을 보여주는 데에는 상당한 시간과 인내심이 필요했다. 이 과정에서 '소통'의 동의어는 '경청'이라는 것을 깨달았다. 수십 년간 몸에 밴 X형 인간관 중심의 리더십도 얼마든지 Y형 인간관으로 변화할 수 있다는 교훈을 가장 가까운 둘째 딸에게 배우게 된 것이다. 지금은 둘째 딸과 가장 아껴주고 사랑하는 부녀지간이 되었다. 둘째 딸도 공부를 하기로 마음 먹고 자신의 꿈을 향해 정진하고 있다. Y형 인간관, 즉 인본주의 철학을 깨닫게 해준 둘째 딸에게 감사한다.

11

다름을 포용할 때
다양성이 생긴다

•

인간의 마음을 움직이게 하는 중요한 두 가지는
행복에 대한 욕망과 불행에 대한 두려움이다.

| 사무엘 존슨 Samuel Johnson |

많은 사람들은 '다르다'와 '틀리다'를 혼용하곤 한다. 예를 들어 자주 가던 음식점에서 "주방장이 바뀌었나? 맛이 예전과 틀리네"라고 하는 것은 잘못된 표현이다. "맛이 예전과 다르네"라고 표현하는 것이 맞다. 이와 마찬가지로 생각도 틀린 것이 아니라 다른 것인데, 많은 이들이 나와 같지 않다면 틀리다고 못박아버리는 경우가 적지 않다. 다르다는 '둘 이상의 대상을 견주어보았을 때 서로 같지 않음'을 말하고, 틀리다는 '어떤 것이 그릇되거나 어긋남'을 말한다.

창의력이 중시되는 현대에서는 리더의 창의적인 사고를 이끌어 낼 수 있는 능력이 중요하다. 조직원들이 '내 생각이 틀린 것인가?'라는 소극적인 자세로 바뀌지 않도록 리더들은 다름을 인정할 줄 아는 열린 자세를 보여주어야 한다.

신세대 직장인의 특성, BRAVO

삼성경제연구소에서는 신세대의 특징을 브라보BRAVO 세대라고 명명하였다. 과거 X세대, Y세대라고 부르듯이 말이다. 안정적인 생활을 위해 묵묵히 최선을 다하는 기성세대와 신세대 직원들 사이에서는 종종 마찰이 생긴다.

브라보 세대란, 업무 외에 폭넓은 인간관계와 다양한 경력을 쌓고Broad network & specification, 평가와 보상에 민감하며Reward-sensitive, 시시각각 변하는 환경에 빨리 적응하고Adaptable, 자신의 감정과 생각을 솔직하게 표현하고Voice, 회사보다 개인생활을 더 중요시하는Oriented to myself 세대를 말한다.

B	**B**road network & specification 폭넓은 인간관계 맺기와 경력 쌓기 추구
R	**R**eward-sensitive 평가 및 보상에 민감
A	**A**daptable 새로운 것에 대한 강한 적응력
V	**V**oice 감정과 생각을 솔직하게 표현
O	**O**riented to myself 회사보다 개인 생활을 중시

▲ 신세대 직장인의 특성, BRAVO

조직이 브라보 세대인 신입 직원들과 함께 성장하려면 리더는 그들의 특징에 적합한 리더십을 구축해야 한다. 더 많은 시간을 직원들에게 할애하고, 많은 동기부여를 통해 일에 대한 명분을 주며, 그들을 인정해주고 성과에 대해 합리적 평가를 해줄 수 있어야 한다. 그뿐만 아니라 개개인의 다양성을 인정하는 조직문화도 형성해야 한다. 회의할 때 말도 안 된다고 잘라 버리는 게 아니라 "그럴 수 있어, 다르게 생각했군"과 같이 다름을 인정해주는 태도가 필요하다. 즉, 리더들에게 포용력Inclusion이 필요한 시대가 된 것이다.

다름을 인정하자

학습 조직론의 창시자인 피터 센게Peter Senge는 IQ가 130이 넘는 사람들을 하나의 팀에 몰아넣었을 때 스스로 IQ를 60으로 낮추는 현상이 생긴다고 말했다. 그 이유는 내가 아니어도 누군가가 할 것이라는 '방관자 효과제노비스 신드롬, Genovese syndrome'가 나타나기 때문이다. 모든 이들이 IQ130만큼의 다양한 목소리가 아닌 한두 명만이 목소리를 내고 나머지 사람들은 피동적으로 움직이게 됨으로써 성과가 축소되는 것이다. 여기서의 핵심은 한 명의 뛰어난 사람보다 여러 사람이 다양한 의견을 주장하고 그것이 성과로 연결될 때 성과는 향상된다는 점이다. 다름을 인정하고 다양성을 이끌어 내는 것, 이것이 바로 리더의 역할이다.

창조력 경쟁 시대에 살고 있는 우리에게는 다름을 인정하는 태도, 다양성이 더욱 중요하다. 리더가 다양성을 갖추기 위해 필요한 과제를 살펴보자.

첫째, 꿈과 비전이다. 리더들은 회사의 비전뿐만 아니라 개인의 비전도 존중해야 한다. 둘째, 신뢰다. 팀원들을 믿고, 올바르게 평가하고 보상해야 한다. 셋째, 실패 인정이다. 팀원들의 실수를 인정해주고 긍정적인 피드백을 통해 도전 정신을 심어주어야 한다. 넷째, 열린 토론 문화다. one-way 문화가 아니라 다양성이 포함되어 있는 two-way 방식의 토론 문화를 정립해야 한다. 다섯째, 다름 인정이다. 열린 토론 문화를 정립하기 위해서는 다름을 인정하여 관성을 타파할 수 있어야 한다.

강점/장점 중심으로 키워라

직원들의 강점과 장점을 인정하고 다양성을 인정하면 내부 만족도ES, employee satisfaction가 올라가고, 고객 만족도CS, customer satisfaction도 올라가는 것은 이미 검증된 사실이다. 내부 직원, 팀원의 만족도가 5% 상승하면 고객 만족도는 1.3% 상승한다. 미국의 백화점 중 하나인 시어스SEARS는 이를 통해 2억 5,000만 달러의 매출 상승 효과를 거두었고, 베스트바이Best Buy, 제이씨 페니JC Penny도 이와 비슷한 효과를 거뒀다.

물론 꾸지람 없이 칭찬만 하라는 것은 아니다. 피드백은 조직의 성장을 위해 반드시 필요하다. 중요한 것은 긍정적인 코멘트와 부정적인 코멘트의 적절한 조화인데, 연구에 의하면 5~6번 정도의 칭찬 코멘트에 꾸지람 한마디는 들어가야 성과를 만들어 내는 데 도움이 된다고 한다. 지금까지 우리는 약점을 지적하고, 혼을 내고, 기합을 주는 방식을 고수해왔다. 당신은 과락 분야를 평균으로 높이는 것과 장점을 더 강화시켜 자신의 만족도, 더 나아가 고객 만족도까지 높이는 것 중에서 어느 쪽을 택하겠는가? 강점 중심으로 육성하는 것은 이러한 점에서 매우 중요하다.

외적 동기부여

동기를 부여하는 데에는 크게 두 가지 방법이 있다. 하나는 외적인 동기부여, 다른 하나는 내적인 동기부여이다. 외적 동기부여는 급여를 올려주고, 연봉을 올려주고, 상여금을 주고, 승진을 시키는 것 등이 포함된다. 반면 내적 동기부여란, '칭찬과 인정으로 인한 자신감'을 말한다. 그런데 연봉을 많이 주는 등의 외적 보상만으로 동기부여가 잘될까? 어느 정도는 잘되겠지만 문제는 오래가지 못한다는 것이다. 예를 들어보자. 어떤 사람이 팀장으로 승진한 다음에 연봉이 올랐는데, 그렇다고 해서 매달 감사하면서 월급을 받지는 않는다. 올랐을 때 잠깐 기분이 좋은 것으로 끝이라는 말이다. 따라서 외적인 보상으로 효과를 보는 조직은 단순하고 반복적인 업무를 진행하는 조직이라고 할 수 있다. 그러나 기획성 업무, 창의적인 업무를 하는 조직에서는 외적인 보상보다는 내적인 동기부여가 훨씬 더 중요하다.

외적 동기부여(Extrinsic Motivation)
- 금전적 보상이 대표적 – 승진, 시상
- 단순 / 반복적 적합, 창의적 업무 영향 저조

내적 동기부여(Intrinsic Motivation)
- 인간 내면에서 자발적으로 생기는 동기 – 흥미, 도전

▲ 동기부여의 두 가지 방안

내적 동기부여

미래학자 다니엘 핑크Daniel Pink는 『드라이브Drive』라는 책에서 동기부

여와 보상에 관련된 과거의 통념을 분석하고 미래에 대한 흥미로운 대안을 제시하였다. 핑크는 기업들이 여러 가지 동기부여 방법을 사용하고 있는데, 실제로는 그 방법들이 오히려 동기부여를 가로막고 있다고 주장하였다. 앞에서 언급하였듯이 현재는 창의적 업무가 중시되는데 기업들은 이런 창의적 업무에 적합하지 않은 드라이브Drive 방법들을 사용하고 있다는 것이다. 쉽게 말하자면 일 잘하면 돈을 더 주고 성과를 달성하면 보너스를 주는 등의 방식이 미래의 시대에는 맞지 않다는 것이다.

핑크는 드라이브에는 드라이브 1.0, 2.0, 3.0이 있다고 말한다. 드라이브 1.0은 생존의 욕구다. 드라이브 2.0은 당근과 채찍이다. 이를 다른 말로 하면 자극과 반응이라고 할 수 있다. 직원이 성과를 내면 보상을 하고 성과가 없으면 혼을 낸다. 하지만 이제는 드라이브 3.0 시대가 도래했다. 인간의 창의성, 자발성은 충분히 훈련되고 숙련된 내면에서 나온다.

드라이브 3.0의 중요한 개념은 세 가지로 정리해볼 수 있다. 첫 번째는 자율성self-autonomy을 주는 것이다. 권한 위임이 이에 해당한다. 두 번째는 자기 분야의 전문성mastery을 키워 나가는 것이다. 세 번째는 의미를 부여purpose하는 것이다. 삶의 의미, 직장의 의미, 가치를 알게 하면 내적 동기부여가 가능해진다.

매슬로우의 인간 욕구 5단계설, 맥그리거의 X, Y이론, 다니엘 핑크의 Drive 3.0에는 공통점이 있다. 가장 하부에 있는 것은 생리적인, 먹고 살기 위한 것에 관한 결핍 욕구다. 인간에게 필요한 욕구이기는 하지만 이

Drive 1.0	• 생존의 욕구
Drive 2.0	• 당근과 채찍
Drive 3.0	• 내면의 욕구 • 자율성, 숙련, 목적(의미 있는 삶)

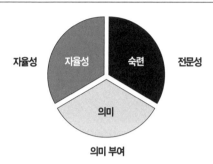

▲ 동기부여의 구성 요소

욕구로 동기부여가 되지는 않는다. 그것보다 훨씬 더 중요한 것은 존재 욕구다. 소속의 욕구, 존경의 욕구, 자아실현의 욕구까지 끌어올려야 한다. 결국 다니엘 핑크도 '자아실현의 욕구를 자극시켜라', '내면의 욕구를 이끌어 내라'는 말을 하고 싶은 것이다. 물론 내면적 욕구에 도전하다 보면 실패할 수 있지만, 이를 인정하는 자세가 필요하다. 계획되고 의도된 실패는 인정해야 한다. 물론 실패가 반복되어서는 안 된다. 다만 얼마든지 도전하라는 이야기를 해줄 필요가 있다.

내적 동기부여를 위한 방법에는 무엇이 있을까? 의미와 목적이 분명하도록 업무에 가치를 부여하고, 도전적인 목표를 설정하며, 피드백과 코칭을 해야 한다. 또한 긍정적인 대화를 통해 실패를 용인하는 문화를 만들고, 위임을 통해 업무의 자율성을 보장하는 것도 하나의 방법이다.

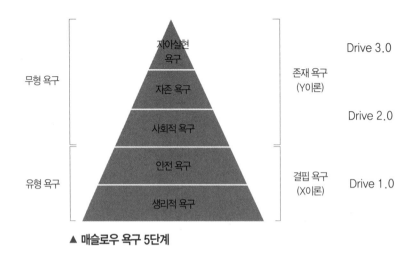

▲ 매슬로우 욕구 5단계

이러한 것들이 결국에는 팀원들의 내적 욕구를 자극할 수 있다.

칭찬과 인정의 방법 중 하나로 '미인대칭'이라는 말이 있다. 미인대칭이란, 미소를 짓고, 인사를 하고, 대화를 하고, 칭찬을 하라는 말이다. 물론 꾸지람도 가끔 필요하겠지만 이러한 패러다임을 유지하는 것이 내적 욕구를 자극시키는 데 도움이 된다.

성공해야 행복한 것이 아니라 행복해야 성공하는 것이다. 우수하기 때문에 탁월한 것이 아니라 탁월한 행동을 하기 때문에 우수해지는 것이다. 또한 행복하기 때문에 웃는 것이 아니라 자주 웃기 때문에 행복해지는 것이다. 리더라면 이와 같은 사실을 가슴깊이 새겨야 할 것이다.

대리석 속 다비드상을 깨운
미켈란젤로

이탈리아의 권문세가였던 메디치 가는 당대 최고의 조각가인 미켈란젤로를 불러 피렌체 대광장에 세울 조각상을 만들어달라고 부탁했다. 미켈란젤로는 걸작을 조각하기 위해 2년 여 동안 좋은 돌을 찾아다녔다. 마침내 조각하기에 알맞은 대리석을 찾았는데, 그 대리석을 찾은 장소는 바로 피렌체 길가에 쌓인 잡초와 쓰레기 더미 속이었다. 먼지를 뒤집어 쓴 채 누워 있는 거대한 대리석을 이리저리 살피면서 그는 다비드상을 마음속으로 그렸다.

그는 곧바로 작업실에서 해머와 끌을 갖고 외관을 다듬기 시작했다. 외관만을 다듬는 데 꼬박 2년이 걸렸다. 그 후로 다시 2년에 걸쳐 광택을 내는 작업을 했다. 이렇게 긴 시간이 흐르고 난 후 비로소 다비드상이 세상에 처음 공개되던 날, 이를 보기 위해 이탈리아 전역에서 수많은 사람들이 구름같이 몰려들었다. 마침내 조각상을 가린 천을 벗겨내자 사람들은 놀라움과 감탄으로 입을 다물지 못했다. 조각상은 말로 형용할 수 없을 정도로 아름다웠기 때문이다.

어떻게 이와 같은 걸작을 만들 수 있었느냐는 사람들의 질문에 미켈란젤로는 이렇게 대답했다고 한다. "나는 대리석에서 완벽하고 완전한 다비드상을 보았고, 다비드상이 아닌 부분만을 없앴을 뿐이다."

조직 내에도 숨겨진 다비드상이 많이 있을 것이다. 코칭과 권한 위임을 통해 그들을 육성하고, 다듬어주면 우리 주변에도 놀라움과 감탄을 연발할 수 있는 다비드상과 같은 우수한 인재들이 발굴될 것이다. 리더의 역할은 일일이 조각을 만들어 가는 것이 아니라 팀원의 강점을 발굴하여 이를 발휘하도록 다듬어주는 것이다.

실패는 인정하는 것이 아니라 허락하는 것이다

2000년, 당시 필자는 회사에서 보내준 미국 유학을 마치고 귀국하였다. IMF 관리체제하에 있던 시대였기 때문에 인재양성의 요람인 인력개발원도 마치 깊은 산속처럼 조용했다. 모든 교육이 중단된 것이다. 창사 이래 처음으로 구조조정을 실시하고 있던 터라 교육을 실시해야 한다고 건의하는 것 자체가 분위기 파악을 못한다는 핀잔을 들을 수 있는 시절이었다.

당시 기획팀장이었던 필자는 시간이 있을 때마다 연수 시설을 돌아보면서 해야 할 일이 무엇인지를 고민하기 시작했다. 기존 발상에서 벗어나 미래를 위해 차세대 리더를 양성하는 전략이 필요하다고 판단하고, 이를 팀원들과 토론하여 구체화하기 시작했다. 누구의 지시도 없었다. 100명의 부장들을 대상으로 약 5개월 간에 걸쳐 교육을 실시하는 임원후보자 양성 과정을 준비하였다. 그러나 현실의 벽은 높았다. 결국 분위기 파악 못하는 팀장으로 몰렸다. 경영환경도 어려운데 좀 잠자코 있으라는 것이다. 회의를 할 때마다 이런 저런 지시가 추가되면서 검토만 계속 되었다. 지루한 시간이 계속되고 있던 어느 날, 시험적으로 교육을 실시해보자는 결론이 났다.

그런데 구조조정 이후라 조직 분위기도 어수선하고, 임원양성 과정에 입과하지 못한 사람들의 심정을 헤아려 교육 과정명을 누가 봐도 잘 이해되지 않는 'SEP과정'이라고 명명하고 교육준비에 돌입했다. 교육팀의 지원을 받아 MBA 관련 과목들을 이러닝으로 개발하기로 하고, S대학교에 개발을 의뢰하였다. 이렇게 우여곡절 끝에 임원양성 교육을 조심스럽게 실시하게 되었다.

이 교육은 얼마 되지 않아 불어닥친 핵심인재론과 맞물려 외부 영입뿐만 아니라 조직 내부의 핵심인재를 양성하는 프로그램으로 부상하게 되었고, 지금은 SLP라는 브랜드로 S사의 대표적인 리더 양성 프로그램이 되었으며, 국내 타 기업뿐만 아니라 글로벌 기업들도 벤치마킹을 하는 등 많은 영향을 끼치게 되었다.

물론 차세대 리더양성 프로그램 개발에는 많은 인력들이 참여했다. 팀원들은 물론 경영자들의 지원과 토론이 있었기에 실패를 무릅쓰고 도전할 수 있었다. 위로부터의 지시가 아닌 아래로부터 아이디어를 모아 성공한 프로그램의 좋은 사례다. '실패를 인정하는 조직이 되자'라는 말을 많이 한다. 그러나 정확히 말하면 '실패는 허락되는 것'이다. 계획 의도된 실패는 격려해주어야 한다. 실패를 허락하는 조직문화는 상사의 끊임없는 소통 리더십과 시키는 일만 하지 않고 스스로 상사의 파트너라는 인식으로 도전하는 용기를 갖춘 팔로워십의 융·복합이 있을 때 가능하다. 실패의 위험 부담이 있음에도 불구하고 직원의 아이디어를 실행에 옮긴 경영자의 모습이 새삼 떠오른다.

리더에게 소통은
곧 경청이다

•

세련된 화법은 듣는 것으로부터 출발한다.

| 윌리엄 셰익스피어 William Shakespeare |

인간은 선천적으로 말하기를 즐긴다. 반면 남의 말을 듣는 데에는 말하는 것만큼 관심을 두지 않는다. 대화의 가장 큰 목적은 타인과의 의사소통이다. 효과적이고 원만한 의사소통 없이 성공을 거둘 수는 없다. 자신의 생각과 주장을 올바르게 전달하기 위해서는 먼저 상대방의 의견을 진지하게 들어야 한다. 남의 의견은 무시한 채 자기 주장만을 되풀이하는 사람은 타인을 배려할 줄 모르는 사람이다. 이러한 사람은 결국 우물 안 개구리 신세를 면치 못할 것이다.

남의 이야기에 귀를 기울일 줄 아는 사람은 좀 더 신중하게 생각하고 보편타당한 의견을 이끌어 낼 수 있다. 우리 중에 그 누구라도 성공하고 싶지 않은 사람은 없을 것이다. 만약 당신이 성공하기를 바란다면 "어떤 찬사에도 마음의 문을 열지 않는 사람도 자신의 이야기를 진지하게 들어주는 사람에게는 마음을 빼앗기게 된다"라는 데일 카네기Dale Carnegie의 말을 기억해야 한다.

소통이 중요하다는 사실은 잘 알고 있지만 실제 조직에서 잘 이루어지지 않는 이유는 리더 때문일까, 팀원 때문일까? 소통의 기본은 경청이다. 하지만 우리가 속해 있는 조직을 들여다보면 '소통'이 아니라 '호통'이, 그리고 '코칭'보다는 '티칭'이 비일비재하게 일어나고 있다. 당신이 리더라면 경청하는 방법에 대해 알고 있는지, 직원들에게 효과적인 질문과 적절한 피드백을 제공하고 있는지 한번 점검해보자.

호통보다는 소통하라

리더가 저지르는 가장 큰 잘못은 팀원을 무시하여 그 사람이 성장할 수 없도록 하는 것이다. 리더가 "내 말을 잘 듣고 따라 하기만 해", "시키는 일이나 똑바로 해"라는 태도를 갖고 있는 조직은 큰일을 도모하기 어렵다. 그렇다면 유능한 리더가 갖고 있는 공통적 특성은 무엇일까? 그것은 바로 소통과 코칭이다. 사람은 잘 변하지 않는다. 수십 년간 익숙해진 것을 한 번에 바꿀 수는 없다. 따라서 없는 것을 있게 하려고 시간 낭비를 하기보다는 오히려 갖고 있는 것을 밖으로 이끌어낼 줄 아는 리더가 필요하다.

세종이 위대한 리더로 추앙받는 까닭은 무엇일까? 그가 이룩한 업적을 놓고 볼 때 수많은 이들로 하여금 존경받는 것은 당연한 결과지만, 그러한 업적을 이룩하는 과정에서 보여준 세종의 리더십이야말로 더욱 존경심을 갖게 만드는 요인이다.

세종의 리더십은 놀라울 정도로 체계적이다. 특히 인재를 중요시하는 마인드와 소통을 통해 문제를 해결하려는 태도는 여느 제왕들에게서 찾아보기 어려운 점이다. 세종은 독단적이고 권위적인 리더십을 내세워 일의 추진력을 높이기보다 좁게는 신하들과, 넓게는 백성들과의 소통을 통해 문제를 해결하려 했다. 이는 최근 많은 기업들이 관심을 가지고 있는 조직 내 커뮤니케이션과 다르지 않다. 아니 오히려 배울 점이 더 많다.

세종은 학문, 과학, 예술, 정치, 외교, 언어학 등 다양한 분야에서 빛나는 업적을 남겼지만, 이 모든 것의 발판이 되었던 기반은 인재를 중용하는 정책과 그들과의 체계적인 소통이라고 할 수 있다. 세종의 이러한 생각은 집현전과 경연經筵을 통해 자세히 살펴볼 수 있다.

흔히 집현전을 세종의 씽크탱크think-tank라고 한다. 집현전은 세종 치세의 정치적 초석이 되었던 기관이기도 하지만, 수많은 인재들을 양성한 곳이기도 했다. 경연은 군주에게 유교의 경서經書와 역사를 가르치던 교육 제도다. 단순한 교육 기능 외에도 정책 협의 기구로서의 기능도 있었다. 세종은 그 전까지 형식적으로 운영되던 경연을 실질적인 토론 중심의 장으로 만들었다.

세종은 회의에서 직언直言하지 않고 형식적인 태도로 일관하거나 일과는 무관한 현학적 지식만 되풀이하는 등 토론에 방해가 되는 여러 현상을 막기 위해 회의의 원칙을 정했다. 『세종실록』에 의하면 다음의 6가지로 이를 요약할 수 있다.

① 곧은 자세로 회의에 임하라.

② 국왕의 잘못을 모두 직언하라.

③ 긴급한 상황 발생 시 한자리에 모여 의논하라.

④ 소수의 의견도 끝까지 경청하되, 한 사람의 말만으로 결정해선 안 된다.

⑤ 모든 말을 다 듣고 신중하게 판단하라.

⑥ 좋은 의견이 나오면 힘을 실어주어라.

집현전과 경연의 운영에서 보여준 세종의 리더십이 내부적 소통에 관한 것이라면 훈민정음의 창제는 외부적 소통을 위한 결과물이다. 아무리 북방의 영토를 넓히고 유용한 과학 기술을 발전시켰다고 하더라도 그 의미와 목적을 백성들이 알지 못한다면 진정한 의미에서 성공이라고 말할 수 없기 때문이다.

■ **적극적 경청 스킬**

경청을 하기 위한 스킬은 다음과 같다.

첫째, 눈을 마주치며 들어야 한다. 두 사람이 대화를 하고 있는 장면을 떠올려보자. 한 사람은 열심히 말을 하고 있는데 한 사람은 딴청을 피우고 있다면 소통이 제대로 이루어지고 있다고 할 수 없다. 팀원은 의견을 이야기하고 있는데 팀장은 휴대 전화만 들여다보고 있다면 팀원은 벽을 바라보면서 말하고 있는 것 같은 느낌을 받을 것이다. 경청은 '무엇을 들을 것인가?'도 중요하지만 '어떻게 들을 것인가?'도 중요하다. 즉 경청은 태도, 자세의 문제다.

둘째, 전달받는 주요 내용을 요약한 후 자신의 의견을 말해야 한다. 눈동자를 마주치고, 맞장구를 치면서 상대방이 한 이야기를 간단하게 요약하면 더욱 효과적이다. 이는 회의를 운영함에 있어 팀장이 갖고 있어야 할 중요한 스킬 중의 하나다. 한 팀원이 의견을 말했을 때, '김 대리, 지금 이런 이야기를 한 거지?'라고 요약해 주면 '아, 우리 팀장이 내가 하는 이야기를 다 듣고 있고, 이해했구나'라는 생각을 하게 된다. 이 기술은 회의를 운영해 나가는 참여 촉진 기술 facilitation skill과도 연관된다.

셋째, 말하는 사람의 감정이나 기분을 읽어야 한다. 팀원이 자신의 고충을 이야기하거나 고객이 불만을 이야기할 때는 감정이 고조되어 있는 상태라고 할 수 있다. 이 경우에는 "그때 이러했다는 거지?", "이야~ 그때는 애로 사항이 많았겠군"이라고 맞장구를 치면서 공감을 표시해야 한다. 그런 다음, "그런데 한 가지 생각해봐야 할 것이 있어"라며 본인의 이야기를 시작한다. 그리고 "내가 더 도와줘야 하는데, 부족한 면이 많아 안타깝다"라는 말까지 덧붙이면 대화의 완성도를 좀 더 높일 수 있다. 이와 같이 상대방의 이야기에 초점을 맞추고, 맞장구를 쳐주며, 간단히 요약해주고, 기분까지 읽어주면 매우 깊이 있고 성숙한 대화가 이루어질 수 있다. 서로 공감하고 있다는 것을 느껴야만 비로소 소통이 이루어지기 때문이다.

경청 스킬은 팀원과 팀장과의 관계뿐만 아니라 가정의 자녀와 배우자와의 관계, 동료 사이에도 적용할 수 있다. 결론적으로 말하면 적극적인 경청이란, 귀를 더 가까이 대고 들으라는 것이 아니라 상대방의 이야기를 듣고 있다는 것을 보여주고, 상대방의 기분과 감정을 읽어주며, 자신의 의견을 제시하는 대화법이라고 할 수 있다.

위대한 질문이 위대한 리더를 만든다

질문이 바뀌면 답이 바뀌고, 질문이 바뀌면 경영 전략이 바뀌며, 질문이 바뀌면 인생이 바뀐다. 질문으로 핵심을 찌르고 스스로 깨우치도록 만들어주어야 한다는 것은 바로 이 때문이다. 질문에는 세 가지 단계가 있다. 그것은 바로 plan목적과 계획은 무엇인가?, do어떻게 실행할 것인가?, see어떤 결과가 나올 것 같은가?이다.

그 다음에는 '세계에서 경영을 가장 잘하는 곳은 어디인가?', '우리와는 어떤 차이가 있는가?', '과거에는 어떻게 했고, 우리는 어느 수준에 도달해 있는가?' 등의 질문을 한다. 이 과정을 거치면 팀원들은 전문가의 경지에 오른다. 심지어 팀장보다 더 많이 알고 있는 팀원들도 나타난다.

회의 시간에 리더가 팀원을 키우기 위한 가장 중요한 일은 '질문을 준비하는 것'이다. 질문이 바뀌면 사람이 성장한다. 회사는 리더의 비전 크기만큼 성장하고, 팀원은 리더가 던지는 질문의 크기만큼 성장한다. 이제부터 어떤 질문으로 팀원에게 자극을 줄 것인지를 고민하자.

성공하는 리더는 다음과 같은 질문 습관을 가지고 있다.

첫째, 옳은 질문right question을 한다. 유능한 리더는 서로 질문하는 분위기와 환경을 만든다. 리더는 일방적으로 질문을 하는 사람이 아니라 '기술의 축적을 돕는 산파'라는 의식을 가지고 지시를 할 것인지, 질문을 할 것인지 혹은 이들 양극단 사이에서 상호 작용하는 방식을 선택할 것인지를 결정해야 한다.

둘째, 팀원들에게 할 질문을 갖고 리드한다. 질문을 주고받을 수 있는 모든 리더는 학습 욕구가 있고, 학습과 자기계발에 능하며, 팀원들에게 서슴지 않고 자신의 부족함이 무엇인지 묻고 조언을 구한다. 리더는 궁금한 것을 묻는 순수한 태도를 가져야 솔직하고 유익한 답변을 이끌어낼 수 있다.

셋째, 기업의 미션, 비전, 핵심가치와 부합되는 질문을 자주 한다. 이러한 질문의 예로는 회사의 '목적' 또는 '사명'을 떠올리는 질문, 회사의 이미지를 그려주는 질문, 회사의 '가치'를 되새기는 질문 등을 들 수 있다.

상대방에게 질문을 한 후에 함께 답을 찾을 때는 단순히 정보만 공유되는 것이 아니다. 조직이 질문하는 문화를 조성하면 나와 너, 노사 대결 구도의 소모적인 문화가 사라지고 '우리'라는 공동체 문화가 자라난다.

- 참여와 팀워크를 극대화하고 혁신에 박차를 가한다.
- 고정관념을 깨고, 권한을 위임하며, 팀원들이 활동할 수 있는 기회를 제공한다.
- 책임감, 자발성, 충성심을 함양하고, 팀원과의 관계를 강화한다.
- 단기적으로는 성과를 이루고, 장기적으로는 학습을 유도한다.
- 참신한 아이디어를 촉진하여 문제를 해결한다.
- 팀원들을 자극하고 그들이 원하는 조직상과 가치와 행동을 실현한다.

그렇다면 질문하는 문화를 만들기 위한 리더의 역할은 무엇일까? 우선 팀원들에게 좋은 질문을 자주 던져 모범을 보여야 한다. 그리고 위험을 무릅쓰고 지속적으로 질문하는 분위기를 만들어야 한다. 또한 모든 비즈니스 활동에 질문을 포함시켜 팀원들이 질문할 기회를 만들고, 직원에게 능숙하게 질문할 수 있는 훈련을 제공해야 한다.

피드백 스킬

리더가 갖추어야 할 또 하나의 중요한 기술 중 하나가 바로 '피드백' 이다. 피드백은 좁은 의미에서 팀원이 특정 상황에서 어떻게 했는지를 재현하는 것이다. 넓은 의미에서 팀원의 행동으로 인한 영향을 강조하는 것과 팀원의 향후 행동 개선과 관련한 논의가 이에 포함된다. 피드백을 할 때에는 다음과 같은 3가지 관점이 필요하다.

첫째, 잘하는 것을 계속 잘하게continue doing 해야 한다. 이는 지속해야 할 행동에 관한 피드백이다. 이는 듣는 사람으로 하여금 내가 지금 무엇을 잘하고 있는지, 나의 강점은 무엇인지, 어떤 점을 더 발전시켜 나가야 하는지에 대해 건설적이고 미래지향적으로 생각할 수 있는 기회를 제공한다.

둘째, 잘하지 못하는 것을 그만두도록stop doing 해야 한다. 이는 상대방의 행동 중에서 앞으로는 절제하거나 하지 말아야 할 것에 관련된 피드백으로서 기존에 형성된 관계를 개선, 발전시켜 나가는 데 유용하다. 팀원들은 열정과 성실함을 갖춘 사람들과의 관계 속에서, 피드백을 통해 반복되는 실수나 잘못 등을 적절하게 고쳐 나갈 수 있다. 이 피드백을 잘 활용하면 예상하지 못한 큰 시너지를 창출할 수도 있으며, 첫 번째 단계continue doing에서의 피드백이 포착해내지 못하는 대인 관계의 공백을 보완할 수도 있다.

셋째, 새롭게 시작begin doing해야 한다. 이는 새롭게 시작하거나 준비해야 할 일들과 상대방에게 필요한 요소들을 적절하게 제시해주고 충고도 해줄 수 있는 피드백이다.

그렇다면 무엇을 피드백하고, 어떻게 피드백할 것인가? 피드백 중에서 꾸지람을 하고 싶을 때 가장 좋은 방법은 I 메시지message를 활용하는 것이다. '당신', '너', '김 대리' 등이 주어가 되면 상대방의 가슴에 비수를 꽂게 된다. "나는 이렇게 생각합니다", "내가 화가 난 것은 이것 때문입니다", "내가 불편한 것은 이런 것입니다" 등과 같이 내가 주어가 되어야 한다. 내가 주어가 되면 서로가 가진 감정의 골이 깊어지지 않고 안정적으로 대화를 이끌 수 있다. I 메시지를 활용할 때에는 상대방을 비난하지 말아야 하고, 그 행동이 나에게 끼치는 구체적인 영향을 전달해야 하며, 아울러 그 행동으로 인해 내가 느끼는 감정을 전달해야 한다.

I 메시지로 말하는 것 외에도 한 가지 중요한 것이 있는데, 그것은 바로 결정적 순간의 대화다. 피드백을 주고받다 보면 화가 나는 경우가 있는데, 이때에는 매우 조심해야 한다. 상대방에게 씻을 수 없는 상처가 될 수 있기 때문이다. 이 경우에는 가급적 그 순간을 피하는 것이 상책이다. "오늘은 여기까지 이야기합시다" 또는 "조금 쉬었다가 이야기 합시다"라고 대화를 끊은 후에 머리를 식혀야 한다.

소통을 잘하기 위한 원칙은 상대의 입장에서 생각해야 한다는 것, 상대방의 마음을 헤아려야 한다는 것이며, 그리고 강자, 상사, 리더가 먼저 변해야 한다는 것이다. 마지막으로 소통을 잘하기 위한 몇 가지 팁을 살펴보자.

첫째, 피드백은 반드시 상대방의 행위behavior나 사실fact에 초점을 맞추어 객관적으로 제시한다. 해당 사실과 관련 없는 주변 사실을 가지고 이야기하는 것은 잘못된 피드백이라 할 수 있다.

둘째, 긍정적인 피드백을 한다. 피드백을 제공할 때는 상대방의 잘하는 면, 더 발전해야 하는 점들에 대한 긍정적 피드백을 제공해야 한다. 상대방에 대한 긍정적인 피드백은 그 사람으로 하여금 잘하는 것을 더 잘하게 하고 숨겨진 잠재 역량을 발굴하는 데 유용하다.

셋째, 피드백은 적시에, 적합하게 한다. 피드백은 상대방의 행위가 일어난 직후에 즉시 제공해야 하며, 주관이 섞인 피드백은 상대방의 입장이나 상황은 전혀 고려하지 않은 독설로 변할 수 있으므로 각별히 주의해야 한다.

좋은 리더가 되려면 적극적인 경청은 기본이다. 피상적으로 말만 듣는 것이 아닌 상대방의 어조, 표정, 제스처 등을 함께 읽음으로써 맥락까지 헤아려 들을 줄 알아야 한다. 공자는 말을 배우는 데 2년, 경청하는 데는 60년이 걸린다고 말했다. 지금부터라도 소통을 위한 경청의 습관을 몸에 자연스럽게 체득화하는 훈련을 하도록 하자. 그러면 분명히 당신 팀의 성과가 달라질 것이다.

리더의 긍정적 스토리가
결과를 바꾼다

우리는 자주 갈등상황에 직면한다. 상사와 팀원과의 갈등, 동료 간의 언쟁, 가정에서의 부부싸움, 부모와 자녀 사이의 침묵 등 수시로 결정적 순간의 대화crucial conversation를 맞이한다. 이럴 때 일반적으로 대화를 회피하거나 공격적인 대화를 하는 경우가 적지 않다. 문제는 좋지 않은 상황에서 대화를 하면 가장 중요한 순간에 최악의 선택과 행동을 하게 된다는 것이다. 더욱이 최악의 경우에는 나쁜 결과가 발생할 수 있다는 사실을 깨닫지 못하는 경우가 많다. 최상의 대화가 절실하게 필요한 순간에 최악의 수를 두게 되는 것은 우연이 아니다. 이러한 갈등상황을 이겨내기 위한 방안을 모색해보자.

우선 대화 가운데 어디가 막혔는지 대화 내용에서 '잠시 벗어나' 대화 과정을 살펴보아야 한다. 좋지 않은 상황에서의 어리석은 선택은 쓸데없는 이분법적 사고 때문에 더 좋은 대안을 볼 수 없게 만든다. 결정적 순간의 대화 중에 가장 먼저 변질되는 것은 '행동'이 아니라 '동기'다. 먼저 마음을 바꾸지 않으면 아무리 행동을 바꾸려고 해도 피상적인 노력이 되기 쉽다. 또한 서로 신뢰하고 있다는 '안전지대'를 넓혀 나가야 한다. 통상 이를 윈-윈win-win의 접근방식이라고 한다. 상대방에게 여전히 인간적인 신뢰를 갖고 있다는 표현 등을 해주는 것이다.

화가 나거나 감정이 상해 있을 때에는 리더 자신의 스토리를 돌아보아야 한다. 가장 중요한 순간에 감정반응이 일어나고, 최악의 행동을 하지만 정작 스스로는 올바르게 행동하고 있는 것처럼 생각한다. 예를 들어, 출근시간에 지각하는 팀원을 보면서 리더는 매사 게으르고 성실하지 못한 팀원이라는 스토리를 쓰게 된다. 이렇게 리더가 결정한 부정적인 자기합리화 스토리의 놀라운 점은 추후 실제로 발생하는 상황들이 리더 자신이 만들어 낸 자기합리화 스토리에 맞게 진행된다는 것이다. 따라서 팀원들에게 긍정적인 결과를 얻고 싶으면, 리더의 스토리를 긍정적인 방향으로 바꿔야 한다. 리더의 균형 감각이 중요한 것은 바로 이 때문이다. 부정적인 스토리가 아닌 긍정적인 스토리를 생각하고 일단 끝까지 들어보고 대화를 진행하는 리더의 노력과 인내심이 어려운 경영환경을 이겨내는 리더의 소통법이 될 수 있다.

교수로 산다는 것

필자는 교수라는 직업에 늦깎이로 합류했다. 교수에게는 연구, 교육, 봉사라는 3가지 역할이 부여된다. 뒤늦게 교수가 된 필자로서는 연구와 봉사는 앞서 나가기 어렵다고 생각하고, 먼저 교육 영역부터 열정을 보여야겠다고 생각했다.

우선 수업 중의 과제는 팀 활동 중심으로 해결하고 프레젠테이션을 실시하기로 했다. 팀 과제를 부여하고 반드시 발표 준비 전에 교수와 미팅을 실시했다. 기업에 근무 시 수많은 인사 면담을 해본 경험이 도움이 되었다. 개인별 특성을 확인하고 면담 결과를 메모해 나갔다. 팀 면담 시에는 열정을 쏟아 부었다. 수업 시간에는 발표자의 특성을 메모하고, 장점 위주로 피드백을 주었다. 과제물은 꼼꼼히 읽어보고 가급적 상세하게 피드백을 주었다.

수업의 다양성을 추구하기 위해 외부 인사를 초청하여 현장의 소리를 듣게 하고, 한 학기에 한 번은 기업 현장을 방문field trip하여 생생한 모습을 접할 수 있는 기회를 제공했다. 수업의 막바지에는 한 학기 동안 함께 한 동기들에게 장점을 중심으로 피드백을 실시하도록 했다. 그리고 종강 시간에 학생 한 사람 한 사람의 장점을 모은 동영상을 만들어 상영했다. 각 개인의 특장점이 영상에 나오는 모습을 보면서 잊을 수 없는 시간을 만들어주는 것이다.

수업을 종강한 이후에도 기업 인턴십이나 실습을 원하는 학생들에게 기업들과의 교류 기회를 만들어주었다(7년간 약 130여 명). 이는 기업 실습을 다녀 온 학생들이 졸업 후 다시 그 기업에 입사하는 계기가 되기도 하였다. 학생들의 성공을 위해 그들의 장점을 일깨워주고, 자신감을 갖도록 격려했다.

이러한 관심과 배려는 맥그리거의 Y이론을 바탕으로 다니엘 핑크가 말한 드라이브 3.0인 내적인 동기intrinsic motivation를 자극하는 것이다. 앞서 말한 교수의 3가지 역할 가운데 교육 부문은 수업과 상담을 통해 학생들에게 꿈과 희망을 심어주고, 학생의 장점을 개발하여 자신감을 가지고 살아가도록 도와주되, 평생 애프터서비스를 해야 하는 무한 책임의 역할이다. 교수로 산다는 것은 한마디로 끝없는 '사랑의 실천'이 아닐까?

13
팀원들은 질문의 크기만큼 성장한다

•

말하는 것과 행동하는 것은 별개의 문제다

| 몽테뉴 Montaigne |

조직의 성과를 향상시키는 데에 가장 중요한 요소로 꼽히는 것이 바로 구성원 간의 커뮤니케이션과 조직에 대한 헌신이며, 구성원 간의 원활한 커뮤니케이션과 조직에 대한 헌신을 이끌어 내기 위한 중요한 역할이 바로 리더의 코칭이다.

간혹 코칭과 티칭을 착각하는 리더들이 많다. 새로운 가치를 창출해 내는 것, 팀원들이 가지고 있는 잠재 역량을 이끌어 내는 것, 잠자는 거인을 깨워주는 것, 기존에 가지고 있던 조직력에 비해 엄청난 잠재 역량을 이끌어 내는 것, 평범한 조직에서 비범한 결과를 만들어 내는 매직 magic이 '코칭'이다.

최고의 코칭, 사랑

얼마 전 방영된 다큐멘터리 「남극의 눈물」에 영하 50도에서 자신의 새끼를 부화시키면서 살아가는 황제펭귄이 소개되었다. 황제펭귄은 암 컷이 알을 낳으면 수컷이 알을 품고 영하 50도의 혹한에서 50일 동안 인 고의 시간을 갖는다. 그럼 어떻게 영하 50도에서 알을 부화시킬 수 있 을까? 알을 부화시키기 위해서는 많은 노력이 필요하다. 황제펭귄들은 여러 마리가 모여 원을 그리며 빙글빙글 돈다. 그러면 가운데의 온도가 올라가기 시작하는데, 가운데의 온도가 어느 정도 올라가면 가장 바깥 에 있는 펭귄이 안으로 들어온다. 바깥과 안의 온도가 10도 정도 차이 가 나기 때문에 그들만의 방법으로 서로를 챙겨주는 것이다. 이를 영어 로는 허들링huddling, 서로 끌어안고 온도를 유지해 나가는 방식이라고 한다.

닭도 마찬가지다. 닭은 알을 부화시키기 위해 무 려 21일 동안 알을 발등에 올려놓고 굴린다. 온도가 골고루 퍼질 수 있도 록 지속적으로 알을 굴리는 것이다. 닭은 온도도 없고 감각도 없는 투박한 발로 새끼를 부화시킨 다. 그 후 병아리 소리가 들리면 부리로 쪼아 병아 리가 세상으로 나오도록 도와준다.

가장 중요한 비결은 '사랑'이다. 보이지 않지만 엄청나게 뜨거운 사랑이 알을 부화시킨다. 사람도 마찬가지다. 어린아이들은 10개월 동안의 임신 기간을 거쳐 세상에 나오고, 수천 번의 넘어짐을 반복하여 걷게 되며, 수많은 어려움을 거쳐 직장에 들어온다. 그리고 수천 번의 좌절을 통해 리더가 된다. 결국 그들이 성장하는 동안 위의 리더들이 어떻게 키워주느냐가 매우 중요하다고 할 수 있다. 조직에서 성과를 향상시키고, 사람을 키워야 하는 두 마리 토끼를 잡기 위한 가장 효과적인 방법은 바로 '코칭'이다.

코칭이란 무엇인가?

코칭과 비슷한 말로는 상담Counseling, 멘토링Mentoring, 컨설팅Consulting 등이 있는데, 각 용어는 차이가 있다. 상담은 카운슬러가 내담자에게 전문적 지식을 바탕으로 내담자의 상황을 이해하고, 내담자가 합리적인 의사결정을 내릴 수 있도록 도와주는 활동이다. 멘토링은 경험과 지식이 많은 멘토Mentor가 멘티Mentee의 역할 모델이 되어 성장할 수 있도록 집중적이고, 지속적이며, 발전적인 관계를 형성하고 유지하는 과정이다. 마지막으로 컨설팅은 전문가가 기업이 안고 있는 경영 및 기술 개발 등에 관한 문제점을 분석하고 대책을 제시하는 활동이다.

이와 달리 코칭은 인간의 성장 가능성과 잠재 능력에 대한 신뢰를 바탕으로 피코치자가 스스로 답을 찾을 수 있도록 경청, 질문, 격려하며 개인과 조직의 성과를 극대화하는 활동이다. 이는 코치와 피코치자 간에 이루어지는 일련의 유기적 활동이며, 코칭 과정에서 대화의 목적과 방향을 유지함으로써 성과를 창출하는 데 목적을 두고 있다.

과거 전통적인 관리 방식의 기준은 첫째도 '결과', 둘째도 '결과'이기 때문에 조직 논리 속에서 팀원들을 통제한다. 그 결과 팀원들은 성과에 대한 두려움으로 행동반경이 축소되고 소극적이 되어 큰일을 도모하기가 힘들어진다. 반면 코칭 마인드를 가진 리더는 결과보다 지속적인 성과를 중시하기 때문에 사람을 귀하게 여긴다. 권한 위임을 통해 팀원들 스스로 행동하고 도전과 변화를 시도할 수 있는 용기가 생기도록 만든다. 그뿐만 아니라 이러한 리더는 약점보다는 강점을 강조하며, 협력을 통해 문제를 해결한다.

전통적인 관리 마인드		코칭 마인드
• 과거 전통적인 관리 방식의 기준은 첫째도 '결과', 둘째도 '결과' • 리더들은 팀원을 통제하고, 약점을 지적하며, 조직 논리를 강조하면서 승인과 결재에 염두를 두어 팀원을 통제 • 팀원들은 결과에 대한 두려움으로 '큰일'을 도모할 수 없음.	vs.	• 결과보다는 지속적인 성과, 사람에 대한 육성, 과정을 중시 • 팀원 스스로 행동하도록 만드는 권한 위임의 효과 • 권한을 위임하면 결과에 대한 두려움이 아니라 해보겠다고 하는 도전과 변화를 시도하려는 용기를 갖게 됨. • 약점을 지적하는 것이 아니라 강점을 강화하고, 승인과 결재보다 협력과 문제 해결을 도와줄 수 있는 방식으로 리더의 역할이 바뀌는 것

누가
누구를 위해
존재하는가?

'나를 따르라'가 아닌 팀원의 잠재력을 깨워
성공하도록 돕는 것

팀원을 위한 미래지향적 계획/목표를
마련하는 1:1 서비스

팀원의 에너지를 이끌어 내어
자아실현 및 조직의 성과를 일궈내는 힘

▲ 리더는 팀원의 성공과 성장을 돕는 코치

리더는 없는 것을 이끌어 내는 데 시간을 낭비하기보다 팀원들 가슴 속에 있는 것을 밖으로 이끌어 내야 할 것이다. 하지만 이것조차도 시간이 필요하며 쉬운 일이 아니다. 한마디로 코칭은 팀원의 잠재 역량을 이끌어 내는 것이자 팀원의 가슴 속에 잠자고 있는 거인을 깨우는 것이다. 그들이 가진 역량을 이끌어 내려면 '리더인 나를 따르라'가 아니라 '내가 여러분을 위해 헌신하겠다'라는 자극을 주고, 질문을 던지며, 또 경청함으로써 그들이 가진 역량을 이끌어 내야 한다. '리더가 팀원을 위해 존재하는가, 팀원이 리더를 위해 존재하는가?' 당신이 리더라면 언제 어디서든 이 질문에 대답할 준비가 되어 있어야 한다.

리더의 코칭 철학과 코칭 프로세스

리더가 코치가 되기 위해서는 분명한 자기만의 확신과 철학이 있어야 한다. 코치가 되고 싶은 리더라면 다음과 같은 3가지를 기억하자.

첫째, 팀원들의 무한한 가능성을 믿어주자. 모두가 승승장구하고 싶고, 성공에 대한 욕구를 가지고 있을 것이다. 리더라면 이를 인정하고 그들이 잘할 수 있을 것이라고 믿어주어야 한다.

둘째, 문제 해결의 답은 팀원들이 갖고 있다. 문제 해결의 키는 팀장이 아닌 팀원이 갖고 있다고 여기고, 팀원들이 스스로 답을 찾을 수 있도록 도와주어야 한다.

셋째, 리더와 팀원 간의 상호 작용이 필요하다. 리더는 코칭 기술과 경청, 질문을 통해 팀원들의 잠재력을 개발해줄 수 있다. 상호 작용을 이끌어 내는 데에는 리더의 코칭 스킬이 매우 중요하다.

사람은 누구에게나 무한한 가능성이 있고, 문제 해결의 답도 스스로 갖고 있다. 단지 리더는 상호 작용을 통해 그들의 가능성을 이끌어 낼 수 있도록 도와주는 역할만 하면 된다. 코칭 스킬 중 가장 중요한 것은 바로 '팀원을 바라보는 관점'이다. 팀원을 성공시키거나 도와주어야 한다는 생각을 갖고 바라보는 것이 중요하다. 지시와 통제가 아닌 질문을 통해 스스로 깨닫고, 잠재되어 있는 가능성을 밖으로 이끌어 내는 것이 바로 '코칭'이다.

리더가 코칭을 준비하는 가장 효과적인 방법은 팀원에게 올바른 질문을 던지는 것이다. 질문을 던지면 팀원은 그 질문에 대한 답을 찾기 위해 생각을 한다. 팀원은 팀장에게 보고할 말을 준비하지만 팀장은 팀원에게 필요한 질문을 준비해야 한다.

그렇다면 질문의 효과적인 방법은 무엇일까? 전 세계적으로 코칭과 관련된 모델과 프로세스는 무수히 많다. 그 가운데 코칭의 대가인 존 휘트모어John Whitmore가 창안한 코칭 방법으로 GROWGoal-Reality-Option-Will 모델이 있다.

Goal	• 주제 또는 목적이 무엇인가?(To be 확인)
Reality	• 목표(주제)와 관련된 현실 또는 문제점은 무엇인가? • As is 파악(고려 사항)
Option	• 선택 대안 방법 또는 실행 방안은 무엇인가?
Will	• 실행 의지 확인 지원 사항, 기대 사항 명확화 • Touch Point

▲ 존 휘트모어의 GROW 모델

첫째, GGoal는 목표를 설정하기 위한 질문이다. 팀원들이 원하는 바가 무엇인지 파악해야 한다. 일방적으로 보고를 받는 것이 아니라 오늘은 어떤 대화를 하고 싶은지, 오늘은 어떤 결과를 얻고 싶은지와 같이 미팅 목표를 설정하는 질문이어야 한다.

둘째, RReality은 현실을 파악하기 위한 질문이다. GGoal가 To be의 모델이라면 RReality은 As is, 즉 현실의 모델이다. 현재 어떤 일이 일어나고 있는지, 이러한 일들은 얼마나 자주 발생하는지, 그것이 어떤 영향을 끼치는지, 그 사실에 대해 어떤 생각을 갖고 있는지, 그 문제를 해결하기 위해 어떤 시도를 해보았는지, 그와 관련된 장애 요인은 무엇인지를 묻는 과정을 통해 현실을 정확하게 파악하기 위한 것이다.

셋째, O Option는 대안을 찾는 질문이다. 어떤 방법이 있는지, 그중 어떤 것이 효과적이고 비효과적인지, 어떤 것을 하지 말아야 한다고 생각하는지를 물어보는 것이다. 이를 통해 대안을 선택한 후 어떤 대안이 제일 좋은지, 그 대안의 장단점은 무엇이라고 생각하는지를 고민하게 한다. 그 다음에는 어떤 방법으로 실행에 옮기는 것이 좋은지, 자신의 힘으로 변화시킬 수 있는 것에는 무엇이 있다고 생각하는지에 대해 물음으로써 스스로 대안을 찾도록 유도하는 것이다.

넷째, W Will는 실행 의지를 강화하는 질문이다. 이때에는 진행할 때 방해가 되는 요인은 무엇인지, 자신에게 어떤 지원이 필요한지, 이 계획이 성공적으로 실행됐다는 것을 확인하려면 어떻게 해야 하며, 이를 어떻게 알 수 있는지 등에 관해 질문을 한 후 마지막 정리 단계에서 대화 내용을 팀원이 직접 정리해보도록 한다.

GROW 모델은 비단 조직에서 뿐만 아니라 개인의 문제에 관련된 셀프 코칭, 인생에 관련된 라이프 코칭, 경력과 관련된 커리어 코칭, 성과와 관련된 퍼포먼스 코칭, 가족의 문제와 관련된 패밀리 코칭에 이르기까지 다양한 분야에서 활용된다. 이러한 질문 방법을 통해 실행 방안을 얼마든지 도출할 수 있다.

코칭은 권한 위임으로 완성된다

리더가 너무 똑똑하고 경험이 많으면 팀원이 배우지 못하는 경우가 생긴다. 그 이유는 대부분 지시만 하다가 끝나기 때문이다. 팀원이 자발적으로 일을 할 수 있게 하려면 리더는 코칭을 해야 한다. '지시'는 리더가 답을 제시하지만 코칭은 팀원이 답을 생각할 수 있는 기회를 제공한다. 코칭의 다음 단계는 '지원' 단계다. 즉, 팀원에게 어떤 도움을 줄 수 있는지를 찾는 것이다. 가장 마지막 단계는 '위임'이다. 이 단계가 지나면 팀원에게 맡겨야 한다. 물론 결과는 보고하도록 하지만 그 과정은 팀원이 알아서 하도록 권한을 위임해야 한다. 그렇다고 해서 책임까지 위임해서는 안 된다. 팀원에게 권한을 위임함으로써 발생하는 문제는 팀장이 책임을 져야 한다. 권한만 위임한 것이지, 책임까지 위임한 것은 아니기 때문이다.

권한을 위임하기 위해서는 팀원들 가운데 지시 단계, 코칭 단계, 지

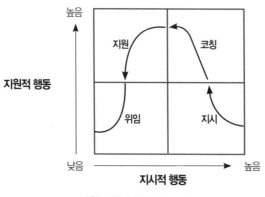

▲ 팀원 코칭과 위임의 프로세스

원 단계, 위임 단계에 있는 사람이 각각 누구인지부터 파악해야 한다. 조직력을 극대화하려면 지시 단계에 있는 사람보다 위임 단계에 있는 사람이 많아야 한다. 이는 어느 부서이든 마찬가지다.

팀원이 권한을 위임받게 되면 책임감과 존재감을 느낀다. 일에 흥미가 생기고, 일을 주도하게 되며, 전체를 보는 눈이 생기고 협력적이 된다. 극단적으로 말하면 리더가 팀원에게 권한을 위임하면 과장이 팀장, 대리가 과장에 버금가는 일을 할 수 있는 데 반해 그 반대의 경우에는 차장이 과장, 과장이 대리 역할을 할 수도 있다. 더욱이 리더가 모든 권한을 가지고 있으면 차장이든 대리든 사원의 역할밖에 할 수 없는 상황에 빠지고 만다.

단, 권한 위임이 '방치'를 의미하는 것이 아니라는 점을 명심해야 한다. 믿고 맡기되 방치하지 않는 것이 원칙이다. 이를 위해서는 질문이 필요하다.

코칭은 커뮤니케이션 방식을 리더 중심에서 팀원 중심으로 바꾸는 것이다. 그리고 코칭 스킬의 핵심은 대화 기술을 바꾸는 것이다. 팀원에게 질문을 던지고, 팀원의 의견을 경청하고, 팀원을 칭찬하고 격려하면 조직의 성과는 극대화될 것이다.

티칭이 아닌
코칭을 하자

누구나 리더는 될 수 있다. 그러나 누구나 존경받는 리더가 되는 것은 아니다. 특히 성과 창출의 리더십 성공 방정식이 늘 바뀌면서부터는 더더욱 그러하다. 지난 1990년 대까지는 관리의 시대였다. 과거에는 목표 관리, 성과 관리, 과정 관리, 팀원 관리 등과 같이 관리자로서의 역할 수행을 강조했지만 최근에는 다양성, 창조성, 변화와 혁신 등 경쟁의 양상이 바뀌면서 관리보다는 조직 구성원들의 다양성을 이끌어 내는 코칭 리더 십이 강조되고 있다. 지속적인 성과를 창출해야 한다는 리더십의 내용은 변함이 없지 만, 상황이 변한 것이다.

코칭을 제대로 하기 위해서는 리더십의 패러다임부터 전환해야 한다. 우선 팀원을 보 는 관점이 바뀌어야 한다. 팀원이 관리와 통제의 대상이 아니라 성공과 성장의 대상이 되어야 한다. 한때 리더십과 카리스마가 동의어처럼 사용되던 적이 있다. 그러나 시대 가 바뀌면서 리더십의 개념도 크게 바뀌고 있다. 지시보다는 경청, 카리스마보다는 서 번트servant 리더를 강조한다.

과거 팀원 지도 및 육성 방식은 한마디로 티칭 방식이었다. 리더의 경험을 바탕으로 답을 알려주는 것이다. 상사는 지시하고 팀원은 충실히 따르는 역할이었다. 그러나 이 제는 팀원이 가지고 있는 강점, 잠재 역량, 의지, 꿈과 비전을 이끌어 내어 성과를 극대 화하는 역할로 전환되었다. 물론 초기에는 티칭이 필요하다. 그러나 티칭만 반복하면 팀원은 결국 상사의 지시에만 익숙한 상태로 머물게 될 것이다. 결국 중요한 시기에 큰

일을 도모하기 위한 팀원은 키울 수 없다.

　코칭은 답을 주는 것이 아니라, 답을 스스로 찾도록 질문, 경청, 그리고 격려하는 활동이다. 코칭은 결국 임파워먼트empowerment로 연결된다. 믿고 맡길 만큼 팀원을 키워 내는지가 중요하다. 조직 속의 팀원들을 보라. 지금 팀원을 티칭할 사람, 코칭할 사람, 믿고 맡길 사람으로 구분해보고, 티칭 단계에서 코칭이나 임파워먼트 단계로 끌어올릴 구상을 해보자. 그러면 팀원은 리더를 위해 팀워크와 성과로 보답할 것이다. 자신을 키워준다는 데 싫어할 사람이 어디 있겠는가?

나를 리더로 키워준
세 분의 멘토 이야기

사람들은 종종 인생을 1막과 2막으로 나누어 설명하곤 한다. 그러나 필자가 생각하는 기준은 조금 다르다. 태어나서 학창 시절을 거쳐 사회에 나와 취직을 하고, 자기 역할을 감당할 수 있을 시기를 1막이라고 생각한다. 반면, 리더가 되어 다른 사람들을 도와줌으로써 성과를 창출해내는 활동기를 2막이라고 본다.

인생의 성공과 행복은 1막에서 결정되는 것이 아니라고 생각한다. 1막이 자기 잘난 멋에 사는 자기중심적으로 살아가는 활동이라면 2막은 다른 사람들을 격려하고, 코칭하며, 다른 사람들의 성공을 돕는, 즉 타인 중심으로 살아가는 활동이다. 인생 1막은 성공적으로 살았지만 2막에서 실패하는 사람들도 얼마든지 있고, 비록 인생 1막이 성공적이지 못했다 하더라도 인생 2막을 성공적으로 살아가는 사람들도 있다. 나이가 어리고 직급이 낮아도 이미 인생 2막을 살아가는 리더가 있고셀프리더 포함, 경력도 있고 직위도 갖추었지만 자기중심적인 1막으로 살아가며 존경받지 못하는 사람도 있다. 이 가운데 진정한 리더는 결국 인생 2막을 성공적으로 이끌어주는 리더라고 생각한다.

현재의 위치에 이르기까지 필자의 인생에 영향을 끼친 리더 가운데

한 분은 S 그룹에서 만난 상사이고, 다른 한 분은 미국 유학 시절 나의 지도 교수이다. S 그룹은 1990년대 중반부터 MBA 제도를 출범시켜 차세대 전략리더를 해외 유수 대학에서 양성하는 프로그램을 실시하고 있었다. 당시 S인력개발원 L부원장은 필자에게 글로벌 HRD 리더가 될 것을 주문하면서 미국 유학 대상자로 필자를 선발한 것이다. 그런데 글로벌 경험이 부족한 나의 실력이 문제였다. 그때 잘할 수 있을 것이라는 상사의 끝없는 격려와 배려는 내가 정말 잘하지 않으면 면목이 서지 않겠다는 절박한 심정으로 다가왔다. 그분의 높은 기대는 나를 위한 공부라기보다는 상사에게 누를 끼치지 말아야한다는, 그리고 기대에 부응해야 한다는 의무감으로 다가왔다.

끝없는 신뢰와 높은 기대는 때로 엄청난 결과를 만들기도 한다. 필자는 회사가 석사학위를 이수하라고 부여해준 기간에 박사 학위까지 취득하는 성과를 올렸다. 어렵고 힘든 순간마다 신뢰를 보여준 상사의 얼굴이 떠올랐다. 유학을 마치고 귀국하자마자 기념 논문을 들고 그 상사를 찾아갔다. 논문 첫 장에 'S 그룹에서 키워주신 후배로 인정받고 싶다'고 감사의 글을 적으며 눈시울을 적셨다. 리더의 역할 가운데 가장 중요한 '리더는 후배를 키우는 사람'이라는 키워드를 가슴에 새겼다.

그로부터 10여 년이 지났다. 나는 임원이 되어 리더의 길을 걷고 있었다. 그런데 후배 가운데 잠재력이 있는 한 간부를 글로벌 리더로 키워야겠다는 생각에, 글로벌 역량을 육성하기 위해 외국어 생활관에 입과시키고, 회사에서 지원하는 미국 유학의 기회도 제공했다. 미국으로 떠나기 전에 송별회를 하는데 그 후배가 이렇게 말했다. "제 인생의 큰 은

인이십니다. 돌아와서 진 빚을 반드시 갚겠습니다." 나는 정색을 하고 대답했다. "그렇게 감사하고 고마우면, 공부 마치고 돌아와 나에게 충성하기보다는 후배들을 그렇게 키우면 된다. 나도 상사한테 그렇게 배웠다." 그때 문득 그 옛날 나를 키워준 상사의 얼굴이 떠올랐다. 그리고 나는 혼잣말로 중얼거리고 있었다. "이제야 저도 상사께 진 빚을 조금 갚았습니다." 그분은 나에게는 영원히 잊을 수 없는 상사이자 후배육성의 철학을 보여 준 나의 스승이자 멘토mentor였다.

두 번째 나의 멘토는 S 그룹의 K 부사장이다. 과장 시절 상사(당시 이사)로 모신 적이 있었지만, 나중에 다시 직속 상사로 모시게 되었다. 어려운 상황이 닥칠 때마다 그분은 인내심을 가지고 나에게 일을 맡겼다. 그리고 항상 긍정적 사고와 신뢰를 보여주었다. 리더로 살아가면서 늘 꿈을 크게 가져야 한다고 강조하면서 주위 사람들에게 동기를 부여해 주는 '미인대칭'의 지혜를 심어주었다. 재미있는 점은 '미인대칭'을 실천하는 데에는 돈이 들지 않는다는 것이다. 지금부터, 여기부터, 그리고 나부터 시작할 수 있다. 필자는 지금 S 그룹을 떠나 대학에서 리더십과 교육공학을 가르치는 교수가 되었다. 교수연구실에서 창밖을 바라보면 '미인대칭'을 강조하던 그 상사가 떠오른다. 함께 했던 그 시절, 내 인생에 가장 행복하게 충성할 수 있었던 기간으로 기억된다. 그리고 또 한번 학생들을 위해 다짐해본다. "꿈을 크게 가지라고, 그리고 미인대칭 하자"고……. 그분은 분명 인생 2막을 멋지게 살아가는 영원한 나의 멘토다.

세 번째 멘토는 미국 유학 시절 지도교수였던 로버트 모건Robert Morgan 박사다. 유학 첫 날 만난 이 교수는 한국을 너무나 잘 알고 있는 한국통이었다. 1970년대 한국의 중등교육 개혁을 주도했고, 한국교육 개발원의 설립을 주도한 분이기도 하다. 첫날의 만남은 내 인생의 전환점이 되었다. 2년 안에 석사 과정을 마치기 위해 왔다고 설명하자 그는 이왕이면 박사까지 도전해보라는 주문을 하였다. 도전은 시작되었고 그날부터 고행의 시간이 이어졌다. 후회스러운 날들도 있었다. 그때마다 교수는 꿈과 희망, 비전을 설파했다. 가슴을 뜨겁게 만들어주고, 배려를 아끼지 않았다. 20여명의 한국인 제자들이 그를 '학문적 아버지'라고 부르는 데는 충분한 이유가 있음을 알게 되었다. 이제 필자는 교수가 되었다. 학생이 교수를 위해 존재하는 것이 아니라 교수가 학생을 위해 존재하는 모습을 보여준 나의 지도교수를 떠올리며 나의 좌표를 그려본다.

앞서 설명한 세 분의 멘토에게서 배운 후배육성, 끝없는 도전과 열정, 신뢰와 용기, 그리고 인내와 배려는 내 인생에 가장 중요한 리더의 업무가치work value로 자리 잡았으며, 이 가치는 고스란히 학생들에게 전파되고 있다. 이 가치가 바로 내 스승이자 리더 그리고 멘토에게 배운 것을 후학들에게 베풀어야 할 또 하나의 미션이 된 것이다. 오늘 문득 그분들이 보고 싶다. 그리고 뜨거운 가슴으로 인사드리고 싶다. 당신들이 계셨기에 지금의 내가 있다고, 그리고 당신과 같은 멘토가 되겠다고!

* 이 글은 월간 「리더피아(2007년 9월호)」에 실린 〈My Mentor〉에 기고한 내용을 옮긴 것임.

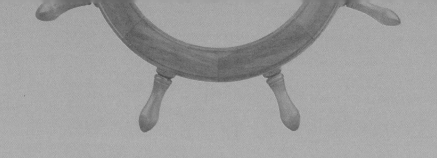

4장

변화와 도전
리더십
Transformational
Leadership

리더의 가장 중요한 역할은 지속적 성장을 위해 변화와 혁신을 주도하고,
그 성과에 대하여 책임을 지는 것이다.
앞의 가치중심 리더십, 진성 리더십, 소통과 코칭 리더십은
결국 변화와 도전을 위한 준비이다.

14

잘나갈 때
위기는 시작된다

·

승승장구하느냐, 실패하느냐. 오래 지속되느냐, 몰락하느냐.
이 모든 것이 주변 환경보다는 스스로 어떻게 하느냐에 달려 있다.

| 짐 콜린스 Jim Collins |

　최근의 경영 환경을 설명하는 경제 용어 중에 '블랙 스완Black Swan'과
'그레이 스완Gray Swan'이라는 말이 있다. 블랙 스완을 직역하면 '검은 백
조'다. 한마디로 일어날 수 없는 일이 일어나고 있는 상황을 가리키는
말이다. 2008년의 글로벌 금융 위기가 그 대표적인 사례다. 그로부터 2년
뒤에는 유럽의 재정 위기와 같은 엄청난 일들이 벌어지는데, 이를 계기
로 나온 용어가 블랙 스완에서 유래된 '그레이 스완'이다. 그레이 스완
은 블랙 스완보다는 낮지만 위험은 여전히 남아 있는 상황을 가리킨다.
우리는 이와 같이 불확실한 상황에 어떻게 대처해야 할까?

조직이 위기에 빠지는 이유

최근 우리나라의 경제 국면이 하향으로, 저성장으로 흐르고 있다. 비단 우리나라뿐만 아니라 세계 경제도 하향 곡선을 면치 못하고 있다. 사람들은 현 시대를 가리켜 '저성장 장기화 시대', '상시 위기의 시대'라고 말한다. IMF의 수석 이코노미스트인 올리비에 블랑샤르Olivier Blanchard 는 "세계 경제가 최소 2018년까지는 호전되지 않을 것이다."라고 말했다. 이 말은 우리에게 두 가지 교훈을 던져준다. 상황이 좋을 때는 긍정적 시나리오가 필요하고, 상황이 좋지 않을 때는 비관적 시나리오가 필요하다는 것이다.

이러한 상황에서 기업을 이끌고 있는 리더의 인식은 매우 중요하다. 위기는 과거에도 늘 존재해 왔다. 중요한 사실은 리더가 이 격변하는 경영 환경을 어떤 방식으로 인식하느냐다. 이는 결국 '위기는 곧 기회'라는 말로 귀결된다. 우리가 주목해야 할 점은 이 어려운 환경에서도 사상 최대의 경영 실적을 만들어 내는 기업도 얼마든지 있다는 것이다. 결국 위기는 '위험과 기회가 상존하는 상태'를 의미한다.

우리는 항상 '위기의식이 필요하다'는 말을 입버릇처럼 이야기한다. 위기의식과 공포의식은 다르다. 공포의식은 이대로 가다가는 망할 것 같다는 자기 체념적인 의식이고, 위기의식은 닥친 위기를 전화위복의 계기로 삼아 극복하고자 하는 도전적인 의식이다. 현실에 안주하다가 급격한 환경 변화로 일순간에 무너지느냐, 평소 위기의식을 가지고 미

14 | 잘 나갈 때 위기는 시작된다

227

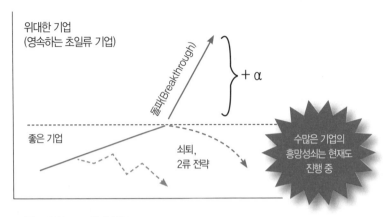

위대한 기업
(영속하는 초일류 기업)

돌파(Breakthrough)

+ α

좋은 기업

쇠퇴,
2류 전략

수많은 기업의
흥망성쇠는 현재도
진행 중

▲ **공포 의식 vs. 위기 의식**   (『좋은 기업을 넘어 위대한 기업으로』, 콜린스,J. 2001)

래에 대비하여 지속적인 성장을 이루어 나가느냐는 스스로의 선택에
달려 있다.

필자는 20세기를 풍미했던 이 시대 최고의 CEO인 잭 웰치Jack Welch를
존경하는데, 그가 남긴 수많은 명언 중에서 "운명을 스스로 통제해라.
운명을 스스로 결정하지 않으면 누군가가 당신의 운명을 결정하게 될
것이다Control your destiny. Otherwise, someone will"라는 말을 특히 좋아한다.
즉, 변화는 지금 이 순간에도 일어나고 있으며, 변화를 주도할지, 굴복
할지는 자신의 선택에 달려 있다는 말이다. 어차피 맞이할 변화라면 변
화의 중심에 서서 변화를 리드하는 것이 더 의미 있는 일일 것이다.

조직 몰락의 단계

지금 이 순간에도 많은 기업들이 흥망성쇠를 거듭하고 있는 이유는 무엇일까?『좋은 기업을 넘어 위대한 기업으로Good to Great』의 세계적인 저자인 짐 콜린스Jim Collins는『위대한 기업은 다 어디로 갔을까?How the Mighty Fall』라는 책에서 공룡 같은 많은 기업들이 승승장구하느냐, 실패하느냐, 오래가느냐, 몰락하느냐는 주변의 환경이 아니라 스스로 내가 어떻게 하느냐에 달려 있다고 주장한다. 짐 콜린스는 기업이 위기에 빠져 몰락하는 단계를 5단계로 나누어 설명하였다. 4, 5단계는 앞에서 이미 언급하였으므로 여기에서는 1~3단계를 중심으로 설명한다.

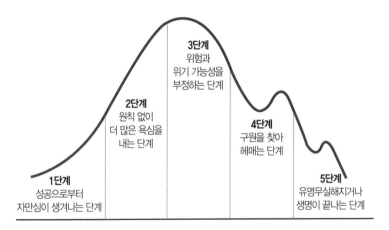

3단계
위험과
위기 가능성을
부정하는 단계

2단계
원칙 없이
더 많은 욕심을
내는 단계

4단계
구원을 찾아
헤매는 단계

1단계
성공으로부터
자만심이 생겨나는 단계

5단계
유명무실해지거나
생명이 끝나는 단계

▲ 짐 콜린스의 몰락 5단계

첫째, 성공으로부터 자만심이 생겨나는 단계다. 이 단계에서는 자만심과 성공 원인을 착각하는 데부터 문제가 생기기 시작한다. 성공으로부터 오는 자만심이 결국 조직의 위기를 만든다는 것이다. 이 1단계는 영국계 역사학자이자 문학 비평가였던 토인비Toynbee가 과거에 성공한 사람이 자신의 능력과 방법을 우상화함으로써 오류에 빠지게 된다는 이론을 발표할 때 인용한 'Hubris'라는 용어에서 유래했다. Hubris 외에도 Active Inertia, Insanity, Icarus Paradox, Comfort Zone, Blind Spot, Winner's curse, hospitalism 등과 같은 단어들이 많이 유행했는데, 이 단어들은 과거의 성공에 안주한 나머지 자만심에 빠져 결국 몰락한다는 공통점을 지녔다.

한 시대를 풍미했던 모토로라Motorola, 노키아Nokia, 소니Sony, 샤프Sharp 등의 세계적인 기업들이 휘청거리는 이유는 무엇 때문일까? 그것은 바로 변화에 적응하지 못하고 지금까지 해 오던 방식을 고집했기 때문이다. 시장의 변화를 무시하고 과거 성공했던 방식을 그대로 답습하려는 성향을 '활동적 타성active inertia'이라고 한다.

이러한 위기는 결국 리더가 초래한 것이라 할 수 있다. 리더는 과거 선배로부터 물려받은 성공 경험이 과연 현재 또는 미래에 적합한 것인지에 대해 항상 의문을 가져야 한다. 리더들은 항상 깨어 있어야 하며, 우리 회사에서 나타날 수 있는 활동적 타성에 민감하게 반응해야 한다. 왜냐하면 회사의 위기는 결국 리더와 경영자가 만드는 것이기 때문이다.

짐 콜린스는 『좋은 기업을 넘어 위대한 기업으로Good to Great』의 첫 문장에 'Good is the enemy of GREAT!'라고 강조했다. 이는 영광스러웠던 과거의 행적이 향후 걸림돌이 될 수도 있다는 말이다. 이 말은 과거에 연연하지 말라는 뜻이기도 하다.

둘째, 원칙 없이 더 많은 욕심을 내는 단계다. 과도한 욕심과 성장에의 집착은 필연적으로 위기를 만든다. 첫 번째 단계가 활동적 타성active inertia 때문이었다면 두 번째 단계는 준비되지 않은 상태에서의 과다한 욕심과 핵심가치에 역행하는 행동에서 비롯된다. 소위 '팩커드의 법칙'이라 불리는 이 현상은 어떠한 기업도 적합한 인재를 확보하는 속도보다 더 빠르게 매출을 늘릴 수 없다는 사실을 시사한다. 즉, 한 기업의 성장은 인재를 키워 내는 것과 비례한다는 이야기다. 이는 위대한 기업을 만들 적임자를 충분히 확보한 다음에 성장에 대한 욕심을 내야 한다는 것과도 일맥상통한다.

이 단계의 두 번째 요인으로는 '핵심가치에 역행하는 행동'을 들 수 있다. 거의 모든 기업들이 회사의 미션, 비전, 핵심가치를 갖고 있지만 차츰 성공의 타성에 젖어 이를 망각하기 시작하며, 결국 원칙을 버리고 욕심을 내다가 위기를 초래한다는 것이다.

셋째, 위험과 위기 가능성을 부정하는 단계다. 즉, '대마불사大馬不死'라는 마음가짐이 위기를 초래한다. 카메라 필름 업계의 제왕이라고 불렸던 코닥이 1975년에 세계 최초로 디지털카메라를 만들었지만 결국 몰락했다. 그들은 아날로그 필름을 더 팔기 위해 디지털 카메라 개발 사실을 숨겼다. 이 와중에 세상이 갑자기 디지털로 바뀌면서 경영 악화에 이르게 된 것이다. 3단계에 접어들면 ① 긍정적인 징조 확대, 부정적인 징조 축소, ② 실증적인 증거 없이 과감한 목표를 세우고 크게 투자, ③ 모호한 데이터를 기반으로 큰 위험을 초래할 수 있는 일을 단행, ④ 건강한 팀 역동성의 침식, ⑤ 비난을 다른 곳으로 돌림, ⑥ 구조 조정에 몰두,

⑦ 경영자/리더들이 현실에서 격리 등의 징조가 나타난다.

위기에서 벗어난 기업들이 주는 교훈

우리 주변에는 몰락의 길을 걷다가 기사회생한 기업들도 많다. 이런 기업들이 우리에게 주는 교훈은 무엇일까? 첫째, 그동안의 성공 요인, 핵심 역량을 철저하게 의심하라는 것이다. 이를 위해서는 유효 기간이 남아 있는지, 얼마나 남아 있는지 항상 의심해야 한다. 둘째, 일발역전은 없다는 사실을 명심해야 한다. 이는 상황이 갑자기 역전되는 일은 없으며, 꾸준하고 지속적으로 혁신을 지속해 나가지 않으면 안 된다는 것을 의미한다. 셋째, 아전인수식이 아닌 냉엄한 현실을 직시하라는 것이다. 낙관적 시나리오와 비관적 시나리오를 함께 갖고 있어야 한다. 넷째, 문제 해결에 대한 답은 밖에 있는 것이 아니라 사내 또는 팀 내에 있다는 사실이다. 다섯째, 기회는 얼마든지 있으므로 절대 굴복하지 말라는 것이다.

결국 실패는 물리적 상태보다 정신적 상태와 더 관련이 깊은 단어라고 할 수 있다. 오르막이 있으면 내리막도 있는 법이지만, 그렇다고 끝은 아니다. 리더에게는 언제든지 다시 올라갈 수 있다는 자신감이 필요하다.

그렇다면 위대한 기업은 어떤 특징을 갖고 있을까? 위대한 기업 또한 몰락한 기업과 마찬가지로 5단계의 특징이 있다.

첫째, 잘 훈련된 사람들이 존재한다. 위대한 기업은 '사람이 먼저, 일은 그 다음'이라고 생각한다. 위대한 기업을 만든 위대한 리더는 기업에 적합한 사람과 함께 하고, 그렇지 않은 사람은 떠나보내며, 먼저 중요한 자리에 적임자를 앉힌 후 방향을 고민한다.

둘째, 팀에 기여하는 팀원들이 존재한다. 훈련된 사고를 가진 사람은 아무리 어려워도 결국에는 성공할 것이라는 낙관적인 믿음을 잃지 않으면서 냉혹한 현실에 직면하더라도 반드시 성공하고야 말겠다는 흔들리지 않는 신념, 즉 스톡데일 패러독스Stockdale Paradox를 가지고 있다. 이 단계에서는 단순하고 일관된 원칙에 따라 이루어진 훌륭한 결정들이 모여 위대함을 만든다는 '고슴도치 개념'이 적용된다.

셋째, 역량 있는 관리자가 존재한다. 훈련된 사고를 하고 훈련된 활동을 수행하는 훈련된 사람들에게는 책임성의 테두리 안에서 자유롭게

행동하는 규율의 문화가 존재한다. 이 단계에서는 '성공의 플라이휠 돌리기'라는 개념이 존재하는데, 이는 단 한 번의 확실한 행동, 거창한 계획, 획기적인 개선, 우연한 행운, 기적의 순간이 위대한 도약을 만드는 것이 아니라는 것이다.

넷째, 위대함을 지속시키는 유능한 리더가 존재한다. 진정으로 위대한 기업은 한 명의 위대한 리더, 위대한 구상, 특정 프로그램이 만드는 것이 아니라 여러 명의 리더가 오랜 기간에 걸쳐 성공을 쌓으면서 만든 것이다. 영속하는 위대한 기업은 핵심가치 보존과 변화 추구라는 두 가지 주요 속성을 지니고 있다. 또한 치열하게 변화와 개혁을 시도하면서 '크고 담대하며 도전적인 목표'를 설정한다.

다섯째, 개인적 겸양과 직업적 의지를 융합하여 지속적인 성과를 일구어 내는 리더가 존재한다. 이 단계에 도달한 리더는 자기 자신이 아니라 목표, 조직, 일에 매우 열정적이다.

급변하는 글로벌 현대 사회에서 기업이 10년, 50년, 100년 이상 영속한다는 것은 참으로 어려운 일이다. 시간이 흐르면서 사업 환경이 급속도로 변화하고 주력 사업 제품에 대한 시장의 요구가 없어지기도 하기 때문이다. 따라서 기업은 생존하기 위해 끊임없이 변화를 모색해야 한다. 그렇지 못한 기업은 결국 도태되고 소비자의 기억 속에서 사라지게 마련이다.

위대한 기업으로 칭송받는 기업 또한 이러한 진리 속에서 자유로울 수 없으며, 변화 관리에 실패한 많은 이전의 위대한 기업들이 몰락하였다. 한때 세계 최고의 기업이라고 불리던 이 위대한 기업들이 몰락해 가는 과정에는 이러한 단계가 존재한다. 어떠한 과정을 통해 없어졌는지, 이러한 과정 속에 나타나는 현상들은 어떠한 것이었는지가 모두 이를 대변해준다.

반면에 글로벌 경제 위기를 이겨내고 위대한 기업에 오르게 된 기업 사례를 살펴보면, 위기의 신호를 스스로 감지하고 위기를 벗어나기 위한 탈출 방향을 스스로 제시해 가는 것을 알 수 있다. 즉, 급격하게 변화하는 환경에 대응하기 위한 변화 관리를 성공적으로 해 나가는 것이 위대한 기업의 반열에 오르게 된 원동력인 것이다. 그 무엇보다 문제의 원인을 외부로 돌리기보다는 내 안에서 문제를 찾고 스스로 해결해 가는 기업이 오랫동안 영속할 수 있다는 진리를 깨달아야 한다.

느린 직감 : The Slow Hunch

1957년 10월 4일! 소련의 유인 위성 스푸트니크Sputnik호 발사로 미국의 과학계는 발칵 뒤집혔다. 소련의 위성이 지구를 돌고 있다는 뉴스를 접한 것이다. 이 소식을 접한 존스홉킨스 대학의 응용물리학과 20대 연구원인 가이어와 이펜바흐는 다음과 같은 대화를 나누었다.

"인공위성이 보내는 신호를 들어봤어?", "잘 조정하면 들릴지도 몰라."

극초단파 전문가인 이펜바흐가 안테나와 앰프를 설치한 지 두 시간만에 위성이 보내오는 신호를 잡을 수 있었다.

또한 주파수가 바뀌는 것을 발견하고 이를 통해 위성의 속도를 계산할 수 있지 않겠느냐는 의문도 제기되었다. 이들의 엉뚱한 직감이 받아들여져 프로젝트로 진행되던 중 2~3주만에 인공위성의 궤적을 파악할 수 있었다.

이 밖에 지구에서 위성의 궤적과 위치를 파악할 수 있으므로 위성을 활용하면 우리가 필요한 물체의 위치를 파악할 수 있지 않겠느냐는 질문도 나왔다. 이 질문을 통해 소재 파악이 힘든 핵 잠수함의 위치를 파악할 수 있다는 결론에 도달하였다.

그로부터 30여 년 뒤 레이건 대통령은 이러한 정보를 공개하고 오픈 플랫폼으로 운영하기 시작했다. 이것이 바로 위성에서 보내는 신호를 수신해 사용자의 현재 위치를 파악하는 위성항법시스템인 GPSGlobal Positioning System가 탄생하게 된 배경이다.

조직 내 혁신적, 창의적인 발상은 어디에서 오는가? 최근 기업 경쟁력의 원천은 창의성, 다양성을 발휘하는 조직문화라고 해도 과언이 아니다. 유능한 인재 한 사람이 사무실에 앉아 PC와 씨름을 하다가 갑자기 창의적 아이디어가 떠오르는 것이 아니라 유동적인 네트워크the liquid network를 통한 엉뚱한 질문과 동료 사이의 토론과 대화가 있을 때 비로소 가능하다는 의미다.

업무시간 가운데 마음대로 활용할 수 있는 시간인 3M의 15% 룰, Google의 20% 룰 등은 개인들의 직감이 동료들과의 격의 없는 대화와 질문, 토론과 성찰을 통해 혁신적인 아이디어와 성과로 이어진다는 것을 증명한 사례. 조직의 위대한 혁신과 변혁을 이끄는 아이디어는 '느린 직감Slow Hunch'을 허용하고 나눌 수 있을 때 가능하다. 지금 우리 조직에는 느린 직감을 허용할 수 있는, 다름을 인정하는 열린 토론, 회의 문화, 개방형 시스템과 제도, 학습문화 그리고 열린 리더십이 있는가?

2개월 후가 아닌
20년 후를 준비하라

최근 저성장 상시 위기 시대에 접어들면서 기업은 쓸 만한 인재가 부족하다고 하고구인난: 求人難, 젊은 청년들은 기업의 문이 너무 좁다취업난: 就業難고 한다. 상황이 이러하다보니 대학생들과의 진로상담 기회가 늘어나는데, 이들과 대화를 나누면서 느낀 교훈은 바로 2년 뒤가 아니라 20년 뒤를 준비하며 살아가야 한다는 것이다.

태어나서부터 20년은 성장기, 20대부터 40대까지는 성공 추구기, 40대부터 60대 까지는 성숙기, 그리고 60대 이후는 성찰기라고 생각한다. 따라서 성장기에는 20대 취업에 필요한 것도 중요하지만 더 나아가 40대 성공에 필요한 것들을 준비해야 한다. 40대에 대부분 성공 여부가 갈리기 때문이다. 글로벌 경력, 직업 및 직무 경력, 석·박사 학위, 전문 분야, 평판 그리고 리더십 등이다. 그러나 많은 사람들이 목전의 목표에만 매달리는 경우가 많다. 그래서 필자는 젊은이들에게 40대 성공에 필요한 준비를 하다 보면 취업은 당연히 될 수 있다고 강조한다. 또한 40대에는 60대 이후를 준비해야 한다. 노후 생활 자금, 봉사 활동, 취미 생활 등을 40대부터 준비해야 노후를 두려움 없이 맞이할 수 있다.

따라서 대학생 시절 또는 신입사원 초기부터 40대에 필요한 경력을 준비해야 한다. 중요한 것은 40~50대에 이루고 싶은 비전을 세우고, 이 분야에 성공한 사람들을 만나 대화를 나누어야 한다. 그런데 많은 젊은 이들이 2~3년 선배들에게 미래를 묻는다. 그들조차도 취업이 지상 과제인 경우가 많아 실망스러운 대화와 정보만 들을 뿐이다. 20~30년 선배를 만나 무엇을 준비해야 하는지를 들어야 방향이 명확해진다. 다소 늦게 갈수도 있고, 때론 넘어질 수도 있다. 그러나 미션과 방향만 알고 있다면 문제가 되지 않는다. 20대에는 속도가 아니라 방향이 중요하기 때문이다.

직장 내에서도 마찬가지다. 긴급한 일도 잘 처리해야 하지만 더욱 중요한 것은 20년 뒤의 모습을 준비하는 것이다. 그때는 분명 리더가 되어 있을 것이다. 리더가 된다고 저절로 성공하는 것은 아니다. 준비가 필요하다. 한때 아르헨티나 축구 영웅인 디에고 마라도나는 1980년대를 주름잡던 축구 황제였지만 감독으로서는 그렇지 못했다. 선수로서는 크게 성공했지만 감독인 리더로서의 준비는 소홀했기 때문이다.

리더십의 개발은 인생을 살아가는 데 꼭 필요한 핵심 역량이다. 조직을 이끄는 리더로서 뿐만 아니라 가장으로서, 커뮤니티 리더로서, 선배로서 요구되는 역량을 미리 준비해야 한다. 리더십은 10대부터 습득해야 할 필수 성공역량이자 행복의 조건이다.

15
변화하지않으면죽는다

•

절대로 변할 수 없는 확실한 것 한 가지는
이 세상에 변하지 않는 것은 없다는 사실이다.

| 존 F. 케네디 John F. Kennedy |

최근의 경영 환경을 살펴보면 변화의 물결이 더욱 심화되고 있고, 이에 따라 리더들은 외부 환경 변화에 보조를 맞추어야 하는 심각한 도전에 직면해 있다는 사실을 알 수 있다. 조직이 생존하기 위해서는 조직이 변화하지 않으면 안 된다. 최근의 경제 위기는 리더들에게 기업 운영의 새로운 시각을 갖추도록 압력을 가하는 한편, 사회적으로도 새로운 리더십을 요구하고 있다.

급격한 기술 변화, 글로벌 경제, 지역별 영향력 변화, 정부 규제의 증대, 시장 변화, e-비즈니스 활성화, 인터넷 정보의 급격한 확산 등은 조직 리더들에게 위협 요인이자 기회 요인이 되기도 한다. 오늘날 많은 리더들이 가진 가장 심각한 문제는 세상의 변화에 효과적으로 대응하는 데 실패했다는 점이다. 변화에 대처하기 위한 가장 중요한 해결 방안은 '변화 관리 리더십'이다. 그 이유는 리더들은 변화의 역할 모델이 될 뿐만 아니라 변화 노력을 진작시키기 위해 의사소통하고 동기를 부여하는 주된 역할을 하기 때문이다.

점진적 죽음과 근원적 변화

개구리를 물이 담긴 냄비 속에 넣고 냄비에 서서히 열을 가하면 물이 끓을 때까지 상황을 파악하지 못하여 결국 냄비 속에서 죽음을 맞이한다. 하지만 물이 끓고 있는 상태에서 개구리를 냄비 속에 집어넣으면 당장 튀어오를 것이다.

간단한 실습을 해보자. 조용히 눈을 감고 현재까지 자신에게 가장 많은 영향을 끼쳤던 '자신 인생의 10대 뉴스'를 생각해보자. 그런 다음, 그 내용들이 어떤 의미가 있는지 생각해보자.

첫째, 지금까지 인생의 장기 계획 부재나 비전 부재로 점진적 incremental change으로 변화하지 않았는지 점검해본다. 우리는 통상적으로 '변화'를 점진적 개선이라 인식하고 있다. 점진적 개선은 합리적 분석과 계획을 통해 꾸준히 진행되는 것을 말하지만, 변화가 예정대로 진행되지 않으면 과거의 타성에 의해 즉시 회귀하는 특성이 있다. 조직 내 현재 리더가 자리를 떠나면 그 사람이 강조하던 것이 사라지고 회귀 본능이 발동하여 과거로 되돌아가는 것도 이러한 이유다. 문제는 점진적 개선을 하고 있는 동안에는 모든 것이 잘 되어가고 있다는 착각에 빠지는 경우가 많다는 것이다. 이것이 바로 우리가 조심해야 할 '점진적 죽음의 한계'이다.

둘째, 자신이 진정 근원적 변화deep change를 추구했는지 생각해본다. 근원적 변화는 과거와의 단절을 의미하며, 기존 행동 양식과의 마찰과 위험 감수를 전제로 새로운 사고와 행동 방식을 추구한다. 근원적 변화는 다른 근원적 변화를 시도해본 리더만이 실행할 수 있다. 오랫동안 일을 해 왔던 사람들은 일하는 방식에 있어 근원적 변화를 받아들이기 힘들기 때문이다.

자신의 라이프스토리를 자세히 들여다보면 변곡점들이 존재한다는 것을 알 수 있다. 그러한 변곡점들이 현재의 나를 만든 것이다. 어려웠던 시기, 좌절했던 시기를 극복했던 경험이 나를 강하게 만든 것이다. 결론적으로 말해서 나를 변화시킨 것은 점진적 개선이 아니라 근원적 변화다.

이번에는 자신이 몸담고 있는 회사를 생각해보자. 지난 20~30년 동안의 회사 역사를 되돌아볼 때 언제 위기가 있었는가? 그 위기를 어떻게 극복했는가?

개인과 마찬가지로 회사의 10대 뉴스를 선정해보자. 선정한 후에 곰곰이 생각해보면 이 시기를 잘 넘겼기 때문에 지금의 회사가 존재한다는 것을 알게 된다. 이러한 점에서 볼 때 변화는 두려움의 대상이 아니라 도전의 대상이다. 결론적으로 말하면 기업이 유지 발전하기 위해서는 변화를 기회로 삼는 자세가 절실히 필요하다. 이것이 바로 근원적 변화deep change의 핵심 원리다.

조직의 근원적 변화 관리

조직이 점진적 개선, 점진적 죽음의 오류에 빠지게 되는 이유는 긁어 부스럼 만들지 말자는 보수주의 문화 때문이다. 보수성은 결국 조직을 망친다. 조직 내에 미래에 대한 비전, 장기 계획이 없거나 외부 시각 또는 고객의 소리를 외면하는 경우에는 근원적 변화를 이룰 수 없다.

앞서 설명했던 대기업병은 대기업에만 존재하는 것이 아니다. 학교, 가정, 심지어 개인에게도 존재한다. 그 이유는 무엇일까? 조금씩 개선해 나가면 충분히 가능하다고 생각하기 때문이다. 이에는 개선은 가능하지만 근원적인 변화는 불가능하다는 인식이 깔려 있다.

인생은 점진적 죽음을 선택하거나 근원적 변화를 선택해야만 하는 양자택일의 기로에서 죽음과 재탄생을 반복해야 하는 프로세스다. '인생이란 B와 D 사이의 선택'이라는 말이 있다. 여기서 B는 탄생birth이고, D는 죽음death을 뜻한다. B와 D 사이에 C인 선택choice이 있다는 뜻이다. 결국 이 말은 어떤 선택을 하느냐가 중요하다는 것이다. 그러나 선택만 가지고는 부족하다. decision making, 즉 결단을 해야 한다. 변화하고자 하는 결단은 매우 중요하다. 인생을 뜻하는 Life라는 단어의 L과 E 사이에는 if가 있다. 만일이라고 하는 가정, 즉 도전challenge하라는 뜻이다.

그렇다면 근원적 변화는 어떻게 시도해야 할까? 근원적 변화를 꾀할 때에는 항상 BHAG를 세우고 꾸준하게 추진해 나가야 한다. 그런데 이렇게 변화를 추구하다 보면 저항에 직면하게 된다. 변화에 실패하는 이유는 무엇일까? 존 코터John P. Kotter는 그의 저서인 『기업이 원하는 변화의 리더Leading Change』에서 조직이 변화에 실패하는 이유를 다음과 같이 제시하였다.

① 자만심을 방치한다.

② 혁신을 이끄는 리더가 없다.

③ 간략히 설명할 수 있는 비전이 없다.

④ 비전을 전파하지 못한다.

⑤ 방해물, 무사안일주의자를 방치한다.

⑥ 단기간에 가시적인 성과를 보여주지 못한다.

⑦ 샴페인을 너무 일찍 터뜨린다.

⑧ 새로운 제도를 문화로 정착시키지 못한다.

변화가 시작되면 팀원들의 의욕이 떨어지고 저항이 생긴다. 즉, 부정하고 저항하고 포기하고 좌절하는 현상이 발생한다. 저항을 미리 예방하는 것을 '변화 관리change management'라고 하며, 이는 리더가 해야 할 핵심적인 역할 중 하나다. 변화 관리를 한마디로 표현하면 '팀원들의 저항을 막아 내는 일'이다. 이것을 'J-커브'라고도 한다. 이 변화와 저항을 면밀하게 살펴보면 변화를 가로막는 적은 바로 '내부'에 있다는 사실을 알

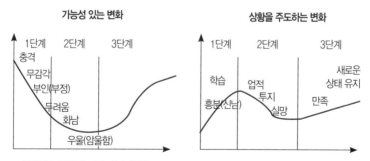

▲ 변화에 대응하는 두 가지 유형

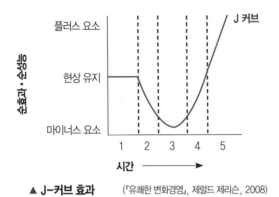

▲ **J-커브 효과** 　(『유쾌한 변화경영』, 제럴드 제리슨, 2008)

게 된다. 이는 익숙한 것과 결별하기가 쉽지 않기 때문이다. 그러다 보니 결국 끓는 물의 개구리 현상과 같이 뻔히 알면서 당하는 경우가 많다.

위 커브에서 변화는 5부터라고 할 수 있다. 변화는 작은 것부터 시작한다. 모든 변화는 실천 가능에서부터 시작된다. 즉, 작은 것부터, 하기 쉬운 것부터, 그리고 위에서부터 시작된다. 조직의 변화는 리더가 앞장서지 않으면 절대 일어나지 않는다. 변화의 시작은 리더의 솔선이다.

변화를 제대로 관리하고 위기를 철저히 공유하면, 즉 변화의 드라이브가 걸리면 변화의 곡선인 J-커브가 Mountain 커브가 된다. 리더가 진정성을 가지고 솔선하기 시작하면 변화의 곡선이 뒤집어진다. 따라서 리더 스스로 변화의 불씨가 되어야 한다.

조직을 변화시키기 위한 과정

리더라면 변화의 속도를 민감하게 감지해야 한다. 성장하는 리더는 세상의 흐름을 앞서 나간다. 변화를 이루기 위해서는 왜 변화해야 하는 지를 확실히 이해하고, 변화하지 않으면 결국에는 변화하는 것보다 더 큰 고통을 겪게 될 수밖에 없다는 사실을 인식해야 한다.

리더가 선택할 수 있는 것은 오직 '어떻게 반응할 것인가?', '어떻게 자신과 조직이 꿈꾸는 미래로 나아갈 것인가?'뿐이다. 미래를 모르면 과거의 노예로 살게 된다. 변화에 둔감한 리더들은 본인 스스로가 기존의 관행이나 고정 관념을 탈피하지 못하고, 구성원들의 창조적 실험 정신을 고무하려는 의욕과 노력이 부족하다.

리더는 사람들이 스스로는 결코 가지 않았을 곳을 향해 그들이 스스로 걸어가도록 만드는 사람이다. 시키는 일만 해서는 절대로 성장하지 못한다. 남이 가지 않은 길, 힘든 길을 가야 한다. 미래는 예측하는 자의 것이며, 준비하는 자에게 순종한다. 미래는 꿈꾸는 자의 것이다. 따라서 변화 관리에 탁월한 리더는 미래를 알고 기다리며, 미래의 꿈을 조율하고, 미래를 다스릴 수 있다.

변화관리를 위한 리더의 역할
J-커브를 알려라

세상에서 변하지 않는 것은 "모든 것은 변한다는 사실이다"라는 말을 남기고 월가를 떠난 템플턴 경Sir John Templeton의 말처럼 세상은 끊임없이 변하고 있다. 회사 차원의 경영 혁신에서부터 팀 내에서 진행되는 각종 변화에 이르기까지 지금 이 시간에도 크고 작은 변화가 진행되고 있다. 그러나 누구나 조직의 변화가 중요하다고 외치지만 정작 조직 내 변화는 그리 쉽지 않다. 개인의 변화도 이와 같다.

변화와 혁신에 성공하려면 3P가 맞아 떨어져야 한다. 우선 Product구체적인 변화의 목표, 비전, 중요성, 기대 성과 등; What to do가 분명해야 하고, Process변화의 방법론, 제도, 시스템, 평가, 문화 등; How to do가 제공되어야 하며, People누가 주도할 것인가; Change Agent; Who to do이 있어야 한다. 대개의 경우 Product에 대한 제시는 있지만 나머지 2개의 P가 미흡하여 변화에 실패하는 사례를 종종 볼 수 있다.

예를 들어 식스시그마 운동이 시작되었다고 생각해보자. 시작한 지 몇 개월이 지나면 벌써 혁신 성과를 챙기기 시작한다. 큰 경영성과를 기대했지만 결과는 정작 그렇지 못한 경우가 발생한다. 그 이유는 무엇일까?

리더는 변화의 프로세스를 이해할 필요가 있다. 설득이 있어도 저항으로 이어진다. 어린 시절 어른이 되려면 혼자 자야 한다며 방문을 닫고 나가는 부모의 모습을 본 아이의 심정을 이해하는가? 뭔가 나타날 것 같은 불안감, 공포감, 그리고 과장된 느낌 등을 '심리적 절벽emotional cliff'이라고 한다. 이러한 심리적 저항은 '패닉-절망-회귀'의 진행을 겪게 된다.

변화는 대개 '거부-저항-탐색-몰입'의 단계를 거친다. 변화가 시작되면 일단 거부의 단계에 부딪치게 된다. 이 단계는 '불안감-분노-방어적 자세'를 거친다. 아무리 합리적인 일이라고 하더라도 이 과정을 거치면 '이해-저항의 감소-시도'로 이어지는 탐색의 단계에 접어들고, 드디어 '즐거움-자신감-성과'로 이어지는 몰입 단계로 진행된다.

결국, 변화 추진 시 리더의 역할은 거부-저항 단계에서 가능한 빠른 시간 내에 상승 곡선을 만들어 내는 것이다. 이를 '변화 관리change management' 또는 'J-커브'라고 한다. 따라서 변화가 시작되면 리더는 구성원들에게 J-커브를 설명하면서 변화가 시작되면 좋은 것만 있는 것이 아니라는 사실-성과 저하, 심리적 불안감-을 이해시켜야 한다. 또한 우리가 어느 단계에 와 있는지를 알 수 있어야 한다. 그리고 어떻게 저항을 이겨내야 하는지 Process와 People 측면에서 설명하고 공대를 만들어 내야 한다. 신규 사업이나 제도, 신규 프로젝트, 신규/영입 인력도 이와 마찬가지다. 따라서 모든 리더들이 이와 같은 변화의 곡선과 단계를 이해한다면 변화의 상승 효과를 만들어 낼 수 있다.

리더들이여, 새로운 변화를 구상하고 있는가? 그렇다면 변화의 당위성과 성과의 달콤함Product 측면만을 주장하지 말고 J-커브Process 및 People 측면도 함께 설명하라.

변화와 혁신의 결과 :
Deep Change or Slow Death

많은 사람들이 변화하라고 외치지만 변화는 그리 쉽지 않다. 다른 사람을 믿는 사람은 자신이 정직하고 성실하기 때문이요, 다른 사람을 믿지 못하는 사람은 자신이 믿을 만한 사람이 못되기 때문이라는 말이 있다. 변화도 이와 마찬가지다. 변화에 성공해본 사람은 변화가 그리 어렵지 않다. 늘 변화하고 있는 사람은 일상생활이 변화의 삶 그 자체다. 문제는 내가 원하든, 원하지 않든 지금 이 시간에도 변화는 지속된다는 점이다. 스스로 변화에 적극성을 갖지 않으면 결국 누군가의 변화에 끌려가야 하는 것이 자연의 이치다.

회사나 조직에서는 극기 훈련 및 50km 행군을 실시하는 등 변화에 자신감을 갖기 위한 다양한 활동을 전개하기도 한다. 필자의 경우에도 지금까지 몇 차례의 굴곡이 있었다. 남들 다가는 대학, 군대, 그리고 취업에서는 그리 큰 변화는 없었다. 그러나 해외 유학의 기회, 임원 승진, 교수로서의 새 출발 등은 내 인생의 주요 뉴스들 가운데 하나다. 특히 미국 유학 시절은 인생 후반전에 '나도 할 수 있다'라는 자신감을 심어주었고, 임원 승진은 경영자의 안목을 키울 수 있는 절호의 기회를 제공했으며, 교수로서의 새 출발은 다시 초심에서 시작해야 한다는 도전의 기회를 주었다. 어느것 하나 피하거나 돌아갈 수 없는 일들이었다. 그러나 그때마다 힘들지만 죽을 각오로 열정을 불어 넣고 신념을 가지고 정성을 기울이면 모두 이루어질 수 있다는 교훈을 얻게 되었다.

그렇다! 누구에게나 자신만의 인생 스토리가 있다. 어려운 도전의 기회가 결국 지금의 당신을 만든 것이다. 해낼 수 있다. 희망을 갖자. 꿈을 키우자. 도전하다 보면 넘어질 수 있다. 실패는 넘어지는 것이 아니라 넘어진 뒤에 일어나지 않는 것이다. 다시 일어날 수 있는 회복탄력성만 있다면 결코 실패하지 않는다. 이러한 의미에서 열정passion은 리더가 가져야 할 가장 중요한 역량이다.

결국 성장하느냐 주저앉느냐는 외부 환경의 문제가 아니라 본인 스스로 어떻게 상황을 인식하느냐에 달려 있는 것이다. 끓는 냄비 속에서 서서히 죽어가는 개구리로 전락할 것인가slow death, 배수의 진을 치고 혼신의 힘을 다하여 도전하는 리더deep change가 될 것인가? 당신도 변화를 주도할 수 있다.

결국 실행이 답이다

·

오랜 습관에 적절한 행동을 더하면 미덕이 된다

| 아리스토텔레스 Aristoteles |

한때 경영이 과학인지, 예술인지를 놓고 논란이 된 적이 있었다. 하지만 이러한 논란은 별 의미가 없다. 경영은 과학이기도 하면서 예술이기 때문이고, 때로는 둘 다 아닌 경우도 있기 때문이다. 한 가지 분명한 사실은 '경영은 하나의 실무practice'라는 것이다. 어떤 이론을 실무practice에 적용함으로써 성과를 만들어 내는 것이다.

실무는 '행동'과 '적용'이 전제되어야 한다. 물론 그 밑바탕에는 이론이 있어야 한다. 이론은 타당성이 있어야 하고, 증명된 과학이어야만 한다. 이론은 별로지만 실무가 뛰어난 경우는 위험하다. 당신의 가설을 뒷받침할 만한 이론은 무엇인가? 어떤 원칙과 이론하에 성과를 만들어

내고 있는가? 혹시 그 이론은 20세기형 이론이 아닌가? 지금 이 순간에
도 살아숨쉴 수 있는 효과적인 방법이라고 생각하는가? 당신이 리더라
면 이 질문에 답할 수 있어야 한다.

앞에서 '경영은 실무'라고 이야기했다. 이 프로세스는 사람들이 가지
고 있는 지식knowledge에서 비롯된다. 지식이 모여 정리되면 리더십 파
이프라인 모델과 같은 하나의 모델model이 된다. 또한 모델이 각종 연구
활동을 통해 정립되면 이론theory이 된다. 우리가 패러다임이라고 말하
는 것은 이렇게 수없이 많은 이론을 바탕으로 세상을 바라보는 것을 말
한다.

실무pracitce는 이러한 패러다임이 바탕이 되어 경영과 팀 활동에 접목
시킨다. 이로부터 나오는 것이 바로 '성과performance'다. 그런데 문제는
성과가 잘 나오지 않는다는 것이다. 이론대로만 하면 성과가 나온다고
했는데 성과가 나오기는커녕 경쟁에서 자꾸 뒤처지기만 한다. 그 이유
를 곰곰이 생각해보면 실무에 적용하고 있는 패러다임 또는 이론, 모델
에 문제가 있다는 것을 알 수 있다.

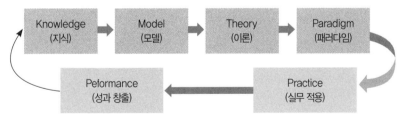

▲ 패러다임과 성과 창출의 순환 구조

이를 바꿔 이야기하면 당신이 가지고 있는 이론과 가설, 모든 것들을 새로운 시대에 맞게 재무장하지 않으면 안 된다는 것이다. 물론 성과를 만들어 내야 한다는 원칙에는 변함이 없지만 이를 풀어낼 수 있는 이론과 가설은 철저하게 바꿔야 한다.

일찍이 아인슈타인은 "똑같은 일을 여러 번 반복하면서 기존보다 더 나은 성과가 나오기를 기대하는 것은 불가능하다"라고 말했다. 이를 한 단어로 말하면 insanity, 즉 정신병이다. 어떻게 예전부터 하던 방법을 계속 수행하면서 성과를 극대화할 수 있다고 생각하는가?

따라서 왜 지금 리더십 혁신을 이루어야 하는지를 분명히 인식할 필요가 있다. 경영 법칙은 물리 법칙과 달리 정해져 있지도 않고 영원하지도 않다. 경영 혁신과 관련하여 TGM, TPI, CRM, ERP, 6시그마, 린시그마 등과 같은 이론이 끊임없이 변해온 것이 바로 이를 대변한다. 다시 말해 정해진 이론이 없다는 것이다. 이는 곧 리더십도 변화를 요구받고 있다는 사실을 말해준다. 현 시대는 이미 100년 전 전통적인 관리 감독자의 모습이 아니라 변화와 도전, 불확실한 상황에서 지속적인 성과/성장을 창출해야 하는 역할로 전환되었다는 사실을 인식하지 않으면 안 된다. 과거의 사고방식과 습관을 버리지 못하면 언젠가는 그 대가를 치르고 말 것이다. 그 대가가 얼마나 큰지는 아무도 알 수 없다.

리더로서의 열정과 도전 정신

이번에는 혁신의 단계에 대해 알아보자.

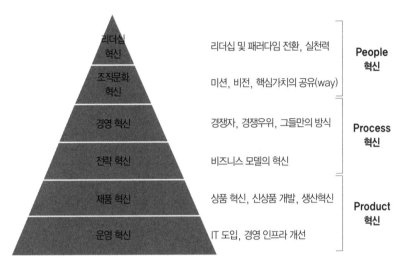

▲ 혁신의 단계

혁신의 단계 피라미드에서 가장 아래에 위치하고 있는 것은 '운영 혁신'이다. 운영 혁신의 예로는 비교적 구축하기 쉬운 인프라, IT 정보 시스템 등을 들 수 있다. 그 다음은 '제품 혁신'이다. 이 단계에서는 상품 혁신과 신상품 개발 등이 이루어진다. 그 상위 단계는 '전략 혁신', '경영 혁신'이다. 이 단계에서는 경쟁자가 누구인지를 살펴본 뒤에 비즈니스 모델을 바꿔 나가는 일 등이 이루어진다. 이 단계에서 정말 이루기 어려운 것은 '조직문화 혁신'이다. 이 단계에서 가장 효과적인 방법은 미션,

비전, 핵심가치를 새롭게 하고 리더의 진정성을 보여주면서 꾸준하게 밀고 나가는 것이다.

가장 상위 단계에 위치하고 있는 것은 '리더십 혁신'이다. 예전부터 경영 혁신의 종류에는 product, process, people의 3P가 있다고 했다. 여기서 3P란 어떤 상품을 바꿔 나갈 것인지, 프로세스를 어떻게 바꿀 것인지, 사람을 어떻게 바꿀 것인지를 고민하는 것을 말한다. 이 중에서 people이 가장 어렵다.

필자는 항상 경영 방식과 리더십을 업그레이드하거나 턴 어라운드해야 한다고 강조한다. 이를 위해서는 어떻게 해야 할까?

현대를 글로벌 경쟁의 시대, 디지털 혁명 시대, 지식 정보화 시대, 신조류, 신인류의 시대, 저성장, 상시 위기의 시대, 변화와 혁신의 시대라고 한다. 이 말에서 알 수 있는 것처럼 우리에게는 과거와 판이하게 다른 키워드들이 위험 요인으로 다가오고 있다.

이러한 시대에 적응하기 위해서는 어떻게 사고하고 행동해야 할까? 그것은 바로 팀원을 동참시키고, 참여시키고, 공유하고, 내재화하고, 미션, 비전, 핵심가치에 의해 이끌게 해야 한다. 한 방향으로 나아갈 수 있는 구심점이 필요하다.

리더를 따르는 것이 아니라 비전을 따라야 하고, 지시 사항을 정해주는 것이 아니라 가치를 정해주어야 한다. 리더는 그것을 도와주고 서포트해주는 역할만을 수행해야 한다. 팀원들이 조직의 혼을 공유하면 동료가 동지가 된다. 당신은 팀원들을 동지로 만들고 있는가?

동지로 만들기 위해서 리더에게 가장 요구되는 것은 바로 '열정'이다. 다음은 게리 하멜Gary Hamel이 그의 저서 『경영의 미래』에서 주장한 '조직에 공헌하는 인재의 6단계'를 표현한 그림이다.

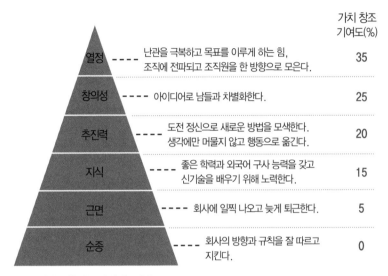

가치 창조
기여도(%)

단계	설명	기여도
열정	난관을 극복하고 목표를 이루게 하는 힘, 조직에 전파되고 조직원을 한 방향으로 모은다.	35
창의성	아이디어로 남들과 차별화한다.	25
추진력	도전 정신으로 새로운 방법을 모색한다. 생각에만 머물지 않고 행동으로 옮긴다.	20
지식	좋은 학력과 외국어 구사 능력을 갖고 신기술을 배우기 위해 노력한다.	15
근면	회사에 일찍 나오고 늦게 퇴근한다.	5
순종	회사의 방향과 규칙을 잘 따르고 지킨다.	0

▲ 조직에 공헌하는 인재의 6단계

가장 하위 단계는 순종으로, 회사의 방향과 규칙을 잘 지키는 단계다. 그 다음 단계는 근면으로, 출퇴근에 있어 부지런하고 주말에 야근이나 특근을 한다. 그 다음 단계는 지식으로, 이 단계가 지나면 자신이 알고 있는 전문 지식을 활용하여 조직에 공헌하게 된다. 아래의 세 단계에 속해 있는 사람은 주변에서 쉽게 찾을 수 있다. 그만큼 이 단계에 있는 역량은 차별화된 역량이 아닌 것이다.

중요한 것은 그 윗 단계다. 지식의 다음 단계는 추진력initiative으로, 계획을 세워 끝까지 밀고 나갈 수 있는 힘이 있느냐. 추진력 단계에는 새로운 방법을 모색하고, 생각한 바를 행동으로 옮기는 힘이 있다. 그 다음 단계는 창의성으로, 기존의 방식이나 활동적 타성에 빠지지 않고, 새로움으로 늘 도전해 나가는 것이 중요하다.

조직에 공헌하는 리더의 가장 상위 단계는 열정이다. 열정 단계에는 난관을 극복해 나가는 자신감, 세상을 바라보는 인식, 할 수 있다는 인식, 기회를 만들어 나가는 자세가 중요하다. 이를 가치 창조의 리더십이라는 개념으로 보았을 때, 그 기여 정도를 알아보면 순종은 0%, 근면은 5%, 지식은 15%, 추진력은 20%, 창의성은 25%, 열정이 35%이다. 결국 열정을 갖고 창의적으로 추진해 나가다 보면 80%의 기여를 할 수 있는 셈이 된다. 지금 당신에게 필요한 리더십은 열정, 창의력, 추진력의 리더십이다. 열정의 리더십은 아무리 강조해도 지나치지 않을 것이다.

몇 년 전 미국의 대표적인 기업이자 세계 최고의 자동차 기업인 GM 이 경영 위기에 빠졌다. 이때 위기를 기회로 만든 사람은 살아 있는 자동차계의 전설이라 불리는 밥 루츠Bob Lutz다. 지엠의 부회장으로 복귀한 루츠는 회사를 살려 낼 수 있는 사람은 '콩을 세는 사람Bean counters'이 아니라 자동차에 대한 열정을 갖고 있는 카 가이Car Guys: 현장에서 제품을 만드는 이들라고 강조했다.

여러분이 잘 알고 있는 어니스트 헤밍웨이Ernest Miller Hemingway는 마지막 퇴고를 할 때, "마지막 원고를 쓰고 책으로 만들어 내기 이전에 어떤 것도 반복하지 않겠다. 퇴고 때 내가 썼던 10만 단어를 버린다."라고 말했다. 반복은 쉽지만 지루한 자기복제다. 10만 단어를 걷어내면 어지간한 책에서 살아남을 수 있는 단어가 몇 개 되지 않을 것이다. 헤밍웨이는 "반복이 아닌 지금 자신에게 가장 진실된 하나의 문장을 찾으라"면서 새로운 실천력을 강조하기도 했다.

열정과 나이는 관계가 없다. 나이를 먹어도 열정이 뛰어나면 실제 나이는 자기 나이 나누기 2가 된다. 40대, 50대인가? 그럼 20대, 20대 중반이 된다. 하지만 30대라 하더라도 열정이 식어 버리면 모든 것이 끝난

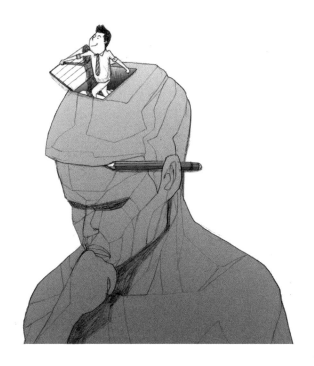

다. 그때는 자기 나이에 곱하기 2를 해야 한다. 30대 후반이라면 70대가 되어버린다. 기대할 것이 없게 된다.

정글에서 원숭이를 잡으려면 어떻게 해야 할까? 원숭이는 굉장히 빠르고 똑똑하고 약삭빠른 동물이다. 그래서 원숭이를 잡기는 힘들다. 그런데 통을 만든 후 그 안에 손이 들어가게끔 견과류를 넣어놓으면 원숭이가 그걸 먹으려고 통 안에 손을 집어넣게 되고, 곧 통에서 손이 빠져나오지 못하게 된다. 그때 원숭이를 사로잡으면 된다. 손에 잡고 있는 견과류를 손에서 놓으면 도망칠 수 있지만, 원숭이는 견과류를 절대 놓지 못해 사람에게 잡히게 된다. 이러한 사례는 인간에게도, 우리 회사에게도, 우리 팀에게도 얼마든지 발견할 수 있다. 과거에 해 왔던 방식을 손에서 놓지 못하기 때문에 새로운 것을 잡을 수 없는 것이다. 잡고 있는 것을 놓아야 새로운 것, 더 큰 것을 잡을 수 있다는 것을 잊지 말자.

기업을 경영하는 데 있어서 가장 큰 리스크는 무엇일까? 만약 사업에 실패했다면 그 속에서 교훈을 얻으면 된다. 그보다 더 큰 리스크는 준비되지 않은 사람을 리더로 임명하는 것이다. 때로는 기업에 엄청난 재앙을 몰고 올 수 있다.

꿈만 꾸지 말고 실행하라

다음 그림은 할리 데이비슨Harley-Davidson 광고다. 이 광고에는 환자의 휠체어를 끌고 있는 사람, 유모차를 끌고 있는 아빠, 작업을 하고 있는 기술자가 등장한다. 그런데 하나 같이 그 어떤 동작을 연상시킨다. 그것은 바로 할리 데이비슨의 만세 핸들을 붙잡고 있는 자세다. 이 광고의 의미는 'Stop Dreaming! 꿈꾸는 것은 그만하고 직접 한번 타보라'는 것이다. 당신은 혹시 꿈만 꾸고 있지는 않은가? 작은 것 하나라도 행동으로 옮기는 실천력이 당신을 더 큰 리더로 만들어줄 것이다.

▲ 할리 데이비슨 광고

리더십 턴어라운드하고 있는가?

지속적인 성장을 만들어 내고, 과거 100년 전의 리더가 아니라 새로운 리더로 탈바꿈하기 위해서 중요한 것들이 있다.

첫째, 방향과 원칙이다. 리더는 회사가 추구하고 있는 미션, 비전, 핵심가치를 우리 팀에 어떻게 구체화할 것인지, 어떻게 한 방향으로 갈 것인지를 항상 염두에 두어야 한다.

둘째, 진정성이다. 리더가 정직하고, 신뢰를 만들어 내고, 긍정적이면 심리적 개혁을 만들어 낸다. 진정성 리더십은 원칙을 지키고 꾸준히 실천해 나가는 예측가능한 리더를 만든다.

셋째, 다름을 인정하는 리더십이다. 내 자신도 상사가 나를 더 믿어주면 더 열심히 일하겠다고 생각하는 것처럼 당신 스스로도 당신 팀원들을 믿고 사람을 키워야 한다. 이것이 바로 소통이요, 코칭이다. 코칭에서 가장 중요한 것은 위임이다. 내가 과연 위임하고 있는지를 생각해 볼 필요가 있다.

넷째, 리더십은 변화와 혁신에 도전하기 위해 존재하는 것이다. 미국의 경제학자 슘페터Schumpeter는 리더의 연봉은 변화와 혁신의 리스크테이킹의 대가로 받는 것이라고 말했다.

당신은 어떤 부분에 인사이트를 가지고 있는가? 방향과 원칙인가? 신뢰와 존경인가? 소통과 코칭인가? 변화와 혁신인가? 기존의 리더십은 이제 과감히 버려야 한다. 리더십 턴어라운드가 필요한 이유는 바로 이 때문이다.

리더가 되면 게임의 룰이 바뀐다. 리더가 되기 전까지는 리그전이다. 하지만 리더가 되고 나면 리그전에서 토너먼트로 바뀐다. 토너먼트는 리그전과 달리 무승부가 없다. 무승부가 되면 승부차기를 해야 한다. 어떤 방법으로든 결정을 내야 한다는 말이다. 혼자 나가서 골을 차는 혼자만의 경기를 할 것인지, 조직을 짜서 해볼 만한 경기를 할 것인지는 당신의 선택에 달려 있다.

결국 성패는 당신의 실행력에 달려 있다. 알고 있는 것은 알고 있는 것이다. 아는 것knowing과 실천doing을 착각하면 안 된다. 리더십은 아는 것knowing이 아니라 실천doing의 개념이다. 미국인들이 리더십을 정의할 때 'knowing과 doing의 차이를 줄여 나가는 것', '알고 있는 것과 실천하는 것을 하나로 맞춰 나가는 것'이라 표현하는 것은 바로 이 때문이다.

새로운 리더십 이론과 실제로 재무장하라. 열정과 도전은 리더의 가장 중요한 필수 조건이다. 새 출발을 할 때에는 과거를 잊어라. 꿈만 꾸지 말고 실천에 옮겨라. 새로운 리더십의 개념, 새로운 성과 창출의 개념으로 리더십 턴어라운드를 하자.

'용기'를 습관화하라

성공에 가장 큰 장애는 바로 실패에 대한 두려움이다. 두려움은 리더의 잠재력에 브레이크를 건다. 용기를 갖는 출발점은 목표를 명확히 세우는 것, 구체적인 계획을 잡는 것, 중요한 것을 선택하는 것 그리고 과감히 실천하는 것이다.

용기는 성공에 대한 보장이 없어도 새로운 행동을 하게 만드는 것이다. 큰 성공을 목표로 나아갈 때 일시적인 실패로 인해 괴로워할 수도 있고, 또 계속 실패할 수도 있다. 사실 성공한 사람들은 실패한 사람들보다 훨씬 더 많은 실패를 겪는다. 그러나 그들은 실패를 두려워하지 않으며 오히려 교훈을 얻는다. 이것이 성공한 사람들과 그렇지 않은 사람들의 가장 큰 차이점이다.

뚜렷한 목표가 있다면 실패할 때조차도 앞으로 전진할 수 있다. 실패하는 것이 불명

예가 아니라 다시 도전하지 않은 것이 불명예다. 즉, 넘어지는 것이 실패가 아니라, 넘어진 후 일어나지 않는 것쓰러진 것이 실패다.

　나폴레옹은 방어만 해서 이긴 위대한 전쟁은 없다고 말했다. 용기는 위대한 리더, 성공한 리더가 지니는 공통적인 특징이다. 용기는 언제든지 연습과 실천을 통해 기를 수 있는 덕목이다. 용기는 하나의 습관이다. 결국 운명의 여신은 용기 있는 자의 편이다. '용기'를 습관화하라.

리더는 무엇을 남기는가?

"호랑이는 죽어 가죽을 남기고 사람은 죽어 이름을 남긴다"라는 말이 있다. 조선시대 최고의 거상이었던 임상옥은 "장사란 이익을 남기기보다 사람을 남기기 위한 것이다. 사람이야말로 장사로 얻을 수 있는 최대의 이윤이며 신용은 장사로 얻을 수 있는 최대의 자산이다. 사람은 가치를 창조하는 무형자산이자 인적자산이다"라는 말을 남겼다고 한다. 18세기를 살았던 임상옥은 이미 인재의 중요성을 간파하고 있었던 것이다.

'인재'란 결국 차세대 리더를 키우는 일이다. 문제는 리더가 하루아침에 성장하는 것이 아니라는 사실이다. 인재의 육성이 미흡한 조직이 무리한 확장을 추진하다가 위기에 빠진 사례는 얼마든지 있다. 한 시대를 풍미했던 GE의 전 회장 잭 웰치는 업무 시간의 70% 이상을 인재에게 썼다고 했고, 삼성의 창업자인 이병철 회장도 "기업은 사람이다"라는 인재 제일의 철학을 지켜 지금의 글로벌 삼성을 만드는 초석을 구축하였으며, 인재를 중시하는 철학은 삼성의 5가지 핵심가치 가운데 첫번째에 둘 만큼 강조되고 있다. 최근 차세대 핵심인재리더를 양성하는 활동을 더욱 강화하고 있다. 결국은 사람이기 때문이다.

다음으로는 '조직문화'를 남겨야 한다. 조직문화 역시 하루아침에 조성되지 않는다. 조직의 경영철학, 운영원칙 등과 맞물려 오랜 시간 동안 조직에 체화되어야 전통으로 이어질 수 있다. 최근 많은 기업들이 핵심가치core value를 중심으로 한 방향으로 가기 위해 많은 시간을 이해-공유-실천-내재화에 노력하고 있다. 어떤 문화를 조직의 성공 DNA로 삼아 조직에 체화할 것인지가 중요하다. 이것 또한 마라톤 경주와 같다. 지난 수십 년 간 관료주의와 성과주의에 익숙해져 변화하기가 어렵듯이, 새로운 시대가 요구하는 창의적 조직, 협력적 조직, 글로벌 조직, 유연한 조직을 만들려면 구호를 외치는 것만으로는 곤란하다. 따라서 리더는 조직의 지속적인 성장sustainable growth을 위해 어떤 원칙과 가치가 필요한지를 깊이 고민하고, 이것이 조직 내에 체화될 수 있도록 긴 호흡을 시작해야 한다.

마지막으로 '시스템system'이다. 일하는 방식, 소통 시스템, 지식과 정보를 공유하는 지식경영시스템Knowledge Management System 등과 같이 조직 내에 필요한 시스템은 무수히 많다. 어떤 시스템을 남길 것인지 또한 리더가 깊이 성찰해야 하는 부분이다. 경영관리시스템에 대한 깊이가 결국 경영리더의 실력과 안목에 비례하기 때문이다.

결국 리더는 시간이 오래 걸리며 급한 것보다는 중요한 것을 우선 챙겨야 한다. 리더인 당신은 무엇을 남겨야 한다고 생각하는가?

필자는 현재 한양대학교 리더십센터장으로 활동하고 있다. 삼성그룹 리더십 및 인력 개발 전문가에서 대학생들을 미래의 리더로 키우는 교수가 된 것이다. 2006년에 교수가 되었으니 벌써 교수 8년차가 되었다. 30여 년 동안 많은 경영자와 리더들을 만났고, 다양한 책들을 접할 수 있었다. 기업에 있을 때는 구심력을 강화하기 위해 해당 기업만의 독특한 조직문화를 합리화하고 논리적으로 강화하는 일을 주로 담당했지만, 지금은 리더로서 성공하고, 행복을 나눌 수 있는 일반화된 방법론을 연구하는 일에 관심이 많다.

'조직 속에서 성과도 잘 만들어 내고, 행복도 함께 추구하는 방법은 없을까?' 이는 교수가 된 이후의 주된 관심사였다. 그런데 시간이 갈수록 이는 별개의 문제가 아니라는 결론에 이르렀다. 성과의 문제는 수십 년 동안 기업의 관심사였다. 테일러Taylor의 과학적 관리scientific management 부터 최근의 TQM, 6 시그마, ERP, Best Practice, 린 시그마 등에 이르기까지 오랜 세월 동안 연구 대상이 되어 왔다. 그러나 사람과 조직의 문제를 다루는 데에는 상대적으로 부족했다는 생각을 하곤 한다. 경영학의 인사조직 분야나 심리학의 조직행위론organizational behavior을 연구해

왔지만 기업에 적용한 연구보고서는 상대적으로 적다. 변화와 혁신 가운데 상품이나 연구개발 혁신보다 어려운 것이 관리혁신 또는 리더혁신이다. 한마디로 혁신의 3P전략 가운데 Product상품이나 제품 또는 가시적인 전략 목표의 혁신보다 Process제도나 시스템의 혁신이 어렵고, People리더와 구성원의 혁신은 가장 어렵다고 본다. 어느 기업이든 혁신의 실패 원인은 Product에서 나오는 것이 아니라 Process나 People, 특히 People에서 나오는 것이기 때문이다. 진정 '기업은 사람이다'라는 시대가 된 것이다.

반면 최근 많은 경영자와 리더들이 조직 경쟁력의 원천인 눈에 보이지 않는 요인, 즉 미션, 비전, 핵심가치 등과 같은 조직문화, CIcorporate identity, 동기부여, 소통 등에 관심을 갖기 시작했다. 기업 경쟁력의 원천이 제품이나 마케팅, 재무관리 능력뿐만 아니라 조직 구성원 자체에 있으며, 이들이 조성하는 조직문화가 중요함을 인식하기 시작한 것이다. 그리고 미션, 비전, 핵심가치를 내재화하는 것이 지속적인 성과 창출뿐만 아니라 행복이라는 가치를 추구하는 것과도 관련이 있음을 인식하게 된 것이다.

종래에는 고생 끝에 행복이 오는 것으로 알고 있었다. 그러나 지금은 평소 행복한 사람 또는 조직이 성공하는 것으로 바뀌었다. 기업의 목적도 새로운 시장과 가치창출이라는 방향으로 전환되고 있다. 이제 리더들은 성과창출의 방정식이 관리와 통제에 있는 것이 아니라 자율과 소통에 있으며, 획일성과 일사분란함이 아니라 유연성과 다양성에 있음을 진정으로 인식해야 한다. '나를 따르라'식의 원맨 중심 리더십이 아니라 비전을 중심으로 함께하는 가치 리더십이 요구된다. 채찍과 당근으로 동기를 부여하는 시대가 아니라 신뢰와 인정 그리고 격려 등과 같은 내재적 동기부여가 중요한 시대로 바뀌고 있다.

이를 위해 리더는 종래보다 훨씬 더 많은 시간을 팀원들에게 할애해야 한다. 또한 참여시키고, 위임하고, 변화에 동참하도록 해야 한다. 이러한 활동을 한마디로 '소통'이라고 볼 수 있다. 소통은 만남의 횟수와 시간 그리고 내용 모두 중요하다. 리더의 역할 또한 지시하고 결과를 보고 받는 종래 방식에서 벗어나 방향을 함께 설정하고, 진행 과정을 지원하며, 코칭을 통해 육성하고, 믿고 맡기는 리더십으로 전환되었다. 또한 변화의 선두에 서서 리더십을 발휘해야 하는 역할로 바뀌고 있다. 요즘의 리더는 과거보다 훨씬 더 팀원들에게 다가가야 하고, 시간도 더 내야 하고, 대화도 더 많이 나누는 등의 실천력이 더욱 필요하다.

교수의 리더십도 예외일 수 없다. 전통적인 방식으로만 수업을 진행해 나갈 수 없다. 수업 시간 중에도 문자나 카톡으로 수업 내용이 피드백되기 때문이다. 질문, 참여, 토론은 기본이다. 수업시간 이외에도 각종 면담이 많다. 그들과의 대화시간을 늘리고, 그들의 말을 경청하고, 그들에게 자극을 주고, 도전하게 만들어야 한다. 더욱이 최근에는 학생들까지 리더십 교육에 참여한다. 한양대학교는 전공에 관련 없이 리더십 과목을 24학점 정도 이수해야 졸업할 수 있다. 한 학기에 2~3학점은 리더십에 할애해야 한다. 이러한 환경과 다양성 그리고 리더십의 기초

소양을 습득한 젊은이들이 기업의 신세대들로 포진하고 있다. 점차 그 비율이 늘어나고 있으며, 이미 리더 계층에 자리 잡기 시작했다. 따라서 종래의 전통적 리더십 방식으로 그들을 키울 것인지, 새로운 리더십에 도전해야 할 것인지를 고민해야 한다. 문제는 당신이 원하든, 원하지 않든 세상은 이미 많이 바뀌고 있다는 것이다.

끝으로 향후 미래에 요구되는 리더십 역량은 무엇인지 생각해본다. 첫째, 협력collaboration을 들고 싶다. 팀워크를 만들고, 공동의 목표를 향해 협조하는 활동, 즉 공감대를 만들어 내는 역량이 중요하다고 본다. 둘째, 통섭과 융·복합 역량이다. 다양한 영역을 넘나들려면 우선 많이 알아야 한다. 앞으로는 학문 간의 벽을 넘는 것뿐만 아니라 화학적으로 합치고 다른 모양을 만들 수 있는 역량이 더욱 강조될 것이라 생각한다. 셋째, 네트워킹networking 역량이다. 가상현실과 오프라인이 결합된 know-where 역량이 필요할 것이라 생각한다.

시대가 바뀌고 환경이 바뀌면 경영목표와 전략이 바뀌고 전술, 전투, 개인기까지 바뀌어야 하는 것처럼 리더십도 이와 같다고 생각한다. 20세기와 지금은 사람과 조직을 보는 관점이 판이하게 다를 수 있다. 리더십도 환경, 전략, 시장, 미션과 비전 등의 변화에 따라 민첩하게 대응해 나가야 한다. 이 책이 리더십 변화 민첩성leadership change agility에 일조하기를 기대한다.

위기의 시대에 진가를 발휘하는 힘

리더가
답이다